保育の場で
子どもを理解するということ

～ エピソード記述から"しる"と"わかる"を考える ～

室田一樹

[著]

ミネルヴァ書房

まえがき

　保育の場から心揺さぶられた出来事を切り出し，保育を問う作業がエピソード記述だと，私は考えています。エピソード記述では，出来事に居あわせた保育者が自身の体験を自身の語り口で書くことが求められます。タイトル，背景，エピソード，考察からなるエピソード記述ですが，それは今まで私たちが目にしてきた保育の記録類とは異なり，読み手もその場に居あわせたかのようにエピソードを読むことになります。書き手のように読み手も心が揺さぶられて，胸が熱くなることだってあります。おのずから読み手は，書き手の気持ちや思いに自分の気持ちや思いを重ねて出来事の意味を考えることになるのですが，エピソード記述における考察は，保育の方法や環境を見直すようなことでもありませんし，計画案や指導案にふり返りを反映するようなことでもないと思います。子どもとともに保育の場を生きて，そこに生起する子どもが育つ意味と保育者の在りようを問うことがエピソード記述なのではないでしょうか。

　さて本書は，2年を費やしてエピソード記述に取り組んだ9か園の保育者たちが残した60編のエピソード記述を基礎資料としています。保育者たちはエピソードを記述するにとどまらず，互いのそれを読み合うことにも取り組みました。その勉強会に，私もアドバイザーとして招かれたことが本書出版のきっかけになったのです。

　2回の全体研修会を終えて2013年6月から始まり20回を数えた勉強会は，回を重ねる間に参加者の姿勢や各園の協力体制に変化が見られました。勉強会に提出するエピソード記述を事前に園内でカンファレンスにかけ，必要があれば書き手がリライト*してから勉強会に提供してくれるようになったのです。それは結果的に，エピソード記述によって得たものを保育現場にフィードバックす

---

　*　rewrite＝直接的には書き直すこと，推敲することですが，エピソード記述ではエピソードを吟味して考察を深めることも含みます。

i

る意義を各園が評価することにつながり，勉強会終了後もエピソード記述を資料とするカンファレンスをほとんどの園が継続しているようです。各園は，自分たちが共有している保育の場で自分たちは何を大切にしたいのかが，少しずつ見えるようになったのだと思います。ほかの誰でもない目の前の，自分たちがよく知る園児たちのエピソードを記述して語り合うことで，自分たちが大切にしたいことを共有できるようになったことに手応えを得たことが，勉強会終了後もエピソード記述を書いて読み合うことを続けている要因だと思います。

　本書の構成ですが，第1章は子ども理解を概説します。それを受けて第2章は，理性的子ども理解"しる"と感性的子ども理解"わかる"を具体的なエピソード記述に見ようとします。"しる"と"わかる"は，前著『保育の場に子どもが自分を開くとき』（ミネルヴァ書房，2013年刊）に示した"不文の（文章化されない）指導案"と"保育セッション"の2つの鍵概念とともに繰り返し取りあげることになる重要なモチーフです。

　第3章，第4章は，全体研修会や勉強会で私が述べたことを下敷きに，保育者はどのようにしてエピソード記述により子どもを理解し，自身の保育者としての在りようを探れば良いのかを具体的に紹介しています。そして第5章は，"しる"と"わかる"を相補的な関係に位置づけて本書の鍵概念を整理し，まとめとしています。

　本書は，単なる勉強会の報告書ではありません。エピソード記述の入門書としてお読みいただくこともできますが，子ども理解や保育の展開，指導案のことなどにも言及しており，勉強会での議論で私が伝えたかったことや参加者の意見から学んだことなども盛り込まれています。ですから保育者になる人たちや，保育の場でエピソード記述によって子どものことを，保育のことを考えたい人たちに少しは参考にしていただける内容になったのではないかと思っています。

　本書に取りあげたエピソードはどれも保育の場から切り取られたエピソードですから，必ず子どもが登場します。どの子も私たちに，人の言動の背後にはその人の気持ちや思いが働いて，その気持ちや思いに気づくことが子どもを理

まえがき

解することのはじまりなのだと教えてくれます。

　保育の質は保育者の質です。保育者の質は，保育者の子ども理解の質です。子ども理解が子どもの言動の表層的な理解にとどまるのか，それとも子どもの気持ちや思い，ときには自身の気持ちや思いにも踏み込んで理解しようとするのか。

　必ずやエピソード記述が，質の高い子ども理解に読者のみなさんを誘ってくれることを信じてやみません。

　2016年7月

室田一樹

保育の場で子どもを理解するということ
　　——エピソード記述から"しる"と"わかる"を考える——

目　　次

目　次

まえがき

第1章　"しる"と"わかる"とエピソード記述 …………………… 1

第1節　子どもが世界と出会う保育の場と保育者の仕事 …………… 3
　　（1）"しる"と"わかる"　3
　　（2）子ども理解の"しる"と"わかる"　5
　　（3）生活と遊びを捉え直すことと保育者の仕事　8

第2節　なぜ，保育の場の子ども理解にエピソード記述は有効なのか … 10
　　（1）エピソード「りくちゃんのきもち」を読む　11
　　（2）不文の指導案が更新されるとき──背もたれの場面で　13
　　（3）考察すると違う自分が見つかる──ジョウロの場面で　15
　　（4）保育セッションを鍵概念にエピソード記述を読む　17
　　（5）エピソード記述が教えてくれた保育で大切にしたいこと　19

第2章　感性的子ども理解＝"わかる"がなぜ重要なのか ……… 23

第1節　ぎこちない抱っことしっくり抱っこ …………………………… 25
　　（1）ためしからの抱っこと，信頼・安心の抱っこ　28
　　（2）メタ考察とは何か
　　　　──メタ考察から浮かびあがったマニュアル抱っこと愛情抱っこ　31
　　（3）同僚がいる──エピソード記述を読み合うと培われる理念の共有　35

第2節　"抱っこしなければ"が"抱っこしていたい"に変わる ……… 36
　　（1）〈すき─すき〉の関係が露わになった溶解体験　41
　　（2）保育者の都合とは何か──役割分担と保育者の配置基準　44
　　（3）保育者の戸惑いはどこからくるのか──誤った保育の常識を問う　45
　　（4）感性的子ども理解＝"わかる"によって得られた"しっくり抱っこ"　46

第3節　子どもが気持ちを伝えてくれる瞬間を見逃さない……………… *48*
（1）"すき"を"きらい"と表現するなっちゃんの気持ち　*51*
（2）"しる"と"わかる"を再考する　*53*
（3）なっちゃんか，みんなか　*56*
（4）「じゃあバイバイ！」の儀式は，"わかる"の確認　*58*

第3章　保育の場のエピソードを記述する，読み合う……… *61*

第1節　保育者がエピソード記述に向かうとき ……………………… *63*
（1）エピソード「りんりん，プンした！」を読む　*64*
（2）エピソード「おかわりください！」を読む　*68*
（3）エピソード「まほうのハンカチ」を読む　*72*

第2節　記述する，リライトする ……………………………………… *77*
（1）記録から記述へ　*78*
（2）観察記録とエピソード記述を読み比べる　*81*
（3）リライトは考えること　*85*

第3節　エピソード記述を読み合う ……………………………………… *88*

第4章　実習ノートとエピソード記述……………………………… *99*

第1節　実習ノートを読む ……………………………………………… *101*
第2節　エピソード「なっちゃんの赤いほっぺ」を読む …………… *107*
第3節　複数の"読み"の可能性……………………………………… *121*
（1）考察の考察から出てきた書き手の思いとの"ズレ"　*122*
（2）複数の読みの可能性は，一方が他方を否定するものではない　*128*
（3）保育の場は感性的コミュニケーションに満ちている　*133*

第5章 "しる"と"わかる"を相補的な関係に位置づける ……… 137

第1節 "しる"と"わかる"の相補的関係 ……………………………………… 139
（1）エピソード「D, やったね！」を読む　139
（2）感性的コミュニケーションの視点でゲームの展開を読む　142
（3）一緒にする楽しさと, 没入する楽しさ　146

第2節 保育セッションと不文の指導案を再考する ……………………… 147
（1）保育セッションの視点からエピソードを読む　147
（2）Bさんが抱いていた不文の指導案　149

第3節 鍵概念を整理する――まとめにかえて ……………………………… 151
（1）保育セッションと不文の指導案　151
（2）子どもの気持ちを自分の気持ちにおいて"わかる"感性的子ども理解　152
（3）3つの鍵概念のつながり　155

あとがき

第1章
"しる"と"わかる"とエピソード記述

第1節　子どもが世界と出会う保育の場と保育者の仕事

　会議室の円卓にエアコンを操作するリモコンが置かれていました。そのリモコンを手にした私は温度を26度に風向きを自動に設定しました。今日の外気温は35度ですが，エアコンのおかげでカンファレンスは効率よく進みました。
　同じリモコンを手にしたもうひとりの私は，クルマに見立てて走らせます。気づいた人がニヤッと笑います。また園長が何か言うぞ，という目で私を見ています。予定よりも早く終わった会議ですから，慌ただしく保育室に戻ることもないでしょう。私は，リモコンに託して"しる"と"わかる"の話を始めました。

(1) "しる"と"わかる"

　私がリモコンで温度や風向きを操作すると，リモコンはリモコン本来の仕事をします。私がリモコンを前後に動かすと，リモコンはクルマになりました。見た目のリモコンはリモコンのままですが，私がクルマをイメージしていることは，私の仕草から一目瞭然です。リモコンでエアコンを操作するとき，私は空調設備を開発した人々の住む世界と向き合っています。リモコンをクルマだと思って走らせるとき，私は空想の世界，その先に広がるアートの世界に向き合っているのかもしれません。もしもこのとき会議室に子どもがいたら何と言うでしょう。
　リモコンが操作されてエアコンがピッと鳴れば，リモコンを知らない子どもは"それ何？　何してるの？"と言うでしょう。私がリモコンをクルマにして動かせば，子どもは"本物のミニカーもってる"と自慢げに話したり，"大人が遊んでていいの？"と私をたしなめたりするでしょう。ではなぜ，リモコンはリモコンになったりクルマになったりするのか，それは私が"思ったり，思いついたり"するからです。
　たとえば私は古いクルマが好きですが，外観のデザインも車内の居心地も，

ボンネットのなかも，ライトのスイッチひとつでさえも美しく見えます。クルマをつくる人々のクルマにかける情熱にも興味を覚えて，気に入ったクルマの本も買い求めました。このように目で見て手に触れて書物で知識を得てクルマのことを"しる"ことは，いわば理性的なクルマ理解ですが，クルマ好きにはドライブこそが何よりの楽しみです。エンジン音やハンドルから伝わる路面の状態，それらを身体全体で感じ取り，クルマと一体になって駆け抜ける快感こそ，クルマを操る喜びに他なりません。このように体験してクルマのことを"わかる"ことは，感性的なクルマ理解といってもいいでしょう。リモコンを手にした私がそれをクルマに見立てて悪戯したくなるのは，このような理性的，感性的クルマ理解が統合されてつくられたクルマイメージが私のなかにあるからだと思うのです。つまり人は，理性的理解によって感性的理解を補ったり，感性的理解によって理性的理解に実感を与えたりしながら，物事の本質を求め続けているのではないでしょうか。さらにいえば，理性的理解は客観的な理解ですが，感性的理解は主観的な理解です。それが統合されて蓄積されると，理性的理解によって他者との共通性を保持しながらも，感性的理解によって自分らしさを失わずにいられるのではないかとも思うのです。"思ったり思いついたり"は，何もないところからは起こらないでしょう。理性的・客観的理解と感性的・主観的理解によるクルマイメージに喚起されて，私はリモコンをクルマに見立てていたのだと思います。はじめは些細な"思ったり思いついたり"ですが，やがてそれが創造的展開に広がり，人の生涯を豊かにしてくれるのだと思います。

　子どもも同じで，"思ったり思いついたり"します。その子どもの"思い"や"思いつき"が，保育を展開します。ですから，保育者が子どもにどのような事物や出来事を介した人との出会い，すなわちセッションを用意するかで，子どもの理性的，感性的理解は変化するでしょう。子どもだましなものなのか，保育者も一緒になって本気で取り組めるようなものなのか，保育者は慎重に一つひとつを吟味しなければなりません。では何を吟味の基準にすればいいのかといえば，用意するものが"この世界の美しさ"を体験する"セッション＝出

会いと展開の可能性"を秘めているか否かだと思います。保育の場は，子どもがこの世界の美しさと出会う場所であってほしいですし，そのために環境を準備して，活動の内容を考えて，歳時記を編んで，子どもの日々を手伝うのが保育者の仕事ではないのかと思うのです。

　保育の場で，子どもたちが身の周りに用意された環境に触発されて，見たい，触りたい，欲しい，やってみたい，と思うことで，子どもたちはこの世界の美しさと出会う扉のまえに立ちます。保育者がさせるのではなく，子どもが"思ったり，思いついたり"することが保育では大事で，それを手伝うのが保育者の仕事です。そうして子どもは，"しる"という理性的理解と，"わかる"という感性的理解の両面から，この世界の美しさを，生きる喜びや生きる糧にしていくのだと思います。

（2）子ども理解の"しる"と"わかる"

　クルマ理解を例に，人が世界の美しさと出会い，興味をもち，理解しようとするときに，その美しさを対象化して客観的，理性的に理解することを"しる"とする一方で，同じ美しさを感動的，感性的に理解することを"わかる"としました。

　さらに具体的に説明するために，別の例もあげてみます。これもクルマ同様，私が大切にしたいこの世界の美しさのひとつです。

　あなたは今，夏休みに開催された子どものための文楽鑑賞会に参加しています。入場口では今日の演目の解説書が配布され，そこには登場人物の紹介とともにあらすじが書かれています。さらに詳しく知りたい人のために参考図書も販売されており，開いてみれば人形浄瑠璃の歴史にはじまり，太夫と三味線による義太夫節の役割，3人で1体を遣う人形のことなどを詳しく知ることができるでしょう。こうして得られた情報は文楽鑑賞に大いに役立ちはしますが，それだけでは文楽がわかったことにはなりません。なぜなら，あなたは未だ文楽を観ていないからです。

　開演すると上手側壁に太夫と三味線が登場し，太夫がおもむろに床本を開く

と，腹の底に響き渡る太棹の音色を伴奏に従えた威圧的ともいえる魅惑的な太夫の声が場内を席巻し，人形に生気が与えられます。始まるや否や文楽の世界に引き込まれたあなたは，義太夫節に翻弄され，人形の妖艶な美しさにぞくっとします。まるで世界が止まってしまったような一瞬に自分を見失い，観る者であることを忘れ浄瑠璃の世界の住人になって幕が降ります。場内が明るくなり現実世界に引き戻されると，そこにあるのは深い感動の余韻です。言葉でうまく説明することができなくても，あなたは文楽がわかったのです。

　この，情報を仕入れて文楽を"しる"ことと，感動して文楽を"わかる"こと，すなわち理性的理解と感性的理解との対比は，子ども理解も同じであり，その両方が必要なことも変わりはありません。つまり子ども理解も"しる"と"わかる"の2つの側面から捉えると，より深く子どもにアプローチできるのではないでしょうか。

　子どもを"しる"は，子どもの目に見える行動を対象化して評価し，記録する理性的子ども理解です。ゆえにそれは，言葉や文字による情報の授受を中心とした理性的コミュニケーションによる子ども理解だといえるでしょう。

　子どもを"わかる"は，子どもの目には見えない気持ちや思いを，保育者が自分の気持ちにおいて感じ取ろうとする感性的子ども理解です。たとえばそれは運動会の綱引きです。子どもたちが綱を引いているのを見て，まるで自分が綱を引いているかのように力が入り，声が枯れるほど声援を送ったのに負けてしまい，子どもと同じ悔しさを味わって，子どもの気持ちがわかるというような主観的，情動的な感性的コミュニケーションによる子ども理解です。

　文楽や綱引きをさらに保育の場に引き寄せてみましょう。

　観客であることを忘れて文楽の世界に溶解[*1]することができたとき，聴衆であるあなたと演者との境界は消えていたのですが，保育の場で子どもと"一緒が

---

*1　私はこの言葉を矢野智司氏の著書で知り，それがそもそも作田啓一氏の言葉であることを間接的に知りました。以下，参照。『意味が躍動する生とは何か──遊ぶ子どもの人間学』世織書房，2006年，『幼児理解の現象学──メディアが開く子どもの生命世界』萌文書林，2014年ほか。

楽しい"を体験したり，子どもの悲しみを自分の気持ちにおいて悲しんだりしたときも，保育者と子どもの境目が消えることがあります。2者を隔てている境界は，溶解しているのです。先の綱引きの例もそうです。担任する子どもたちに声援を送るあなたは，子どもたちの最後尾から綱を引くことなど許されませんから，もどかしくて仕方ありません。そのうち拮抗していたはずの力が，少しずつ相手チームにもっていかれ，形勢はだんだん不利になってきます。勝敗の笛が吹かれるまで，もうあと数センチかもしれません。そして子どもたちにあきらめの表情が浮かんだとき，相手チームの勝利が宣言されてしまいました。あなたの額には汗がにじみ，握りしめた手は赤味を帯び，のどは痛みます。あなたには，子どもの悔しい気持ちがのどの痛み以上に痛く，肩を落とす子，泣きそうになっている子の顔を見るといたたまれなくなります。そう，あなたは子どもと同じ悔しさを悔しがることで，子どもと気持ちをひとつにしていたのです。そのとき，子どもは子どもであることを忘れ，保育者も保育者であることを忘れて敗者の世界に溶解してしまっていたのでした。

　このような体験によって子どもを"わかる"ことはそう容易には起こりませんが，少なくとも"わかり合う"というときは，保育者と子どもの双方に同時に"わかる"が起きているはずです。"わかる"という子ども理解は，保育者の一方的な理解ではなく，子どものなかにも"わかる"が生じて成り立つのです。ただ，このような溶解体験により保育者と子どもの"境界がわからなくなることでわかる"子ども理解は，まれでしょう。1人でするよりせんせいとするほうがやっぱり楽しいぞ，私としたことをこの子は楽しんでくれていて，それが何より私もうれしいといったような経験は，日々の保育の場にいくらでも訪れます。ですが，一緒に体験した世界との境界が溶解し，それによって保育者と子どもとの境界も溶解するような感動的な体験は，私自身にもそう多くはありません。それは，そもそもの溶解体験の希少さに加え，保育者には子どもの健康や安全に常に気を配らなければならない冷静さが求められているため，そう安易に子どもとの遊びの世界にのめり込めないからかもしれません。溶解体験は，おそらく，冷静さの対極にあるのだと思います。

（3） 生活と遊びを捉え直すことと保育者の仕事

　以下に示す生活と遊びは，本書の目的からは少し逸脱するかもしれませんが，保育者の描いたエピソード記述をどのような保育観によって私が読もうとするかは，お伝えする必要があると考えました。

　①生活について

　私の考える生活は，基本的生活習慣の習得や道徳性の涵養のことではありません。園生活の日々を保育者や仲間と楽しく暮らす土台になる〈すき―すき〉の関係の生成と変容が生活だと私は考えています。誰かから好きだよと言ってもらい，自分もその人のことが好きになり，そこに成立する〈すき―すき〉の関係の心地よさを日々の園生活において創造的に体験することが生活することなのではないかと考えています。ただ〈すき―すき〉の関係は，一度築かれてもずっと維持できるとは限りません。人と人は，わかり合えたり，わかり合えなかったりします。ですから〈すき―すき〉の関係は，一度できれば，いつもすでにそこにあるというわけにはいかないのです。だから変容なのです。〈すき―すき〉の関係は，"一緒が楽しい"という体験によって追体験されることを恒常的に求めます。

　これが私の考える生活です。子どもと保育者によって生きられた園生活の意味は，私には〈すき―すき〉の関係の生成と変容なのです。

　②遊びについて

　保育の場の遊びは，活動の内容や遊びの種類，あるいは使用される玩具・遊具などから命名された遊びのことを指すだけではなく，遊ぼうと思う，遊びを思いつくという遊ぶ子どもの心のなかのこととしても捉えなければならないのではないでしょうか。換言すれば，遊ぶ子どもの遊びとは，子どものなかにある"遊びたい気持ち"のことであり，それが活動に表現されて，ままごとや鬼ごっこ，砂場遊びやプール遊び，果ては運動遊びや外遊びなどと名づけられ，分類されて，私たちに遊びとして理解されているのだと思います。そこで，遊ぶ子どもの"遊びたい気持ち"に注目すれば，遊ぶ子どもにとって重要なのは，"遊びたい気持ち"に支配されて遊びに没入して，遊びの世界に溶解すること

なのです。

　冒頭のリモコンを思い出していただければいいかもしれません。リモコンが見た目どおりに機能するか，たちまちクルマに見立てられるかは，それを手にした子どもが，エアコンにではなく"遊びたい気持ち"にスイッチを入れるか否かにかかっています。そこでさらに興味深いのは，子どもがエアコンのスイッチを入れたり切ったりする遊びを遊んで「こら，おもちゃにするんじゃない！」と大人に叱られるような場合の遊びです。リモコンは何かに見立てられてはいません。リモコンとしての本来の機能を発揮して，エアコンを動かしたり止めたりしています。でも子どもはまさに，リモコンを使って遊んでいたから叱られてしまいました。リモコンを使ってエアコンを操作する遊びはどのような遊びに分類されるのでしょうか。この遊びをたとえばリモコン遊びと名づけていいものでしょうか。

　叱る大人は，(電気代や修理代が)「もったいないの論理」に支配されて，そうでなければ「いたずらしてはいけないの論理」に支配されて叱りますが，子どもの"遊びたい気持ち"は，そういう大人の論理に回収することができないのです。遊ぶ子どもの世界は興味が尽きませんが，「子どもが"遊びたい気持ち"に支配されて遊びに没入し，遊びの世界に溶解することが遊び」なのだと，遊ぶ子どもを見ていて思います。そして，子どもによって遊ばれた脱け殻を整理分類した標本を，われわれ大人は遊びと呼んでいるのではないでしょうか。

　さて，ここまで述べた保育の場の生活と遊びですが，それを"子どもの心を育む"というわれわれ保育者のもっとも重要な仕事として捉え直すと，保育者が子どものことを"わかる"ことが子どもの"心の育ち"に，遊ぶ子どもの"遊びたい気持ち"が子どもの"心の豊かさ"に寄与して，子どもの心は"育くまれる"のではないでしょうか。ところが，"わかる"も，"遊びたい気持ち"も，目には見えませんから，それを感じとることのできた保育者に聞くよりほかに知りようがありません。私の考える〈すき―すき〉の関係もまた，目には見えませんから，当事者である保育者に聞くよりないでしょう。当事者である保育者が心揺さぶられた出来事を子どもとともに生きた保育の場から切り

取り考察を加えるエピソード記述が保育の場に求められる理由が，ここにあるのです。

　私は前著[*2]で，保育を実践して記録し，評価して計画に反映することを求める保育所保育指針の記録の取り方や保育の振り返り方，計画の立て方について私なりの考えを述べるために，「不文の指導案」と「保育セッション」を鍵概念に自園の保育者が綴った14編のエピソード記述を読みました。文章化されない指導案を不文の指導案といい，保育者の予想を超えた保育の展開を保育セッションとしました。そして本書ではさらに，子ども理解と保育者の在りようを考えるために，"しる"と"わかる"を加えています。

第2節　なぜ，保育の場の子ども理解にエピソード記述は有効なのか

　保育者の気持ちにバロメータがついていたとして，中央の0を起点に右にプラス，左にマイナスのメモリがあり，右に振れれば楽しいやうれしい，左に振れると寂しいやつらいや悲しいがどれほどのものかが表示されるとしましょう。書き手の感動といってもプラスばかりとは限りませんから，ともかく保育者の気持ちの針が大きく振れたとき（心揺さぶられたとき），その感動が失せない間に出来事をエピソードに描き，考察を重ねると良いと思います。そうすれば，子どもとの，子どもたちとの感性的コミュニケーションの展開がエピソード記述になります。保育者のこのような動機によって描かれるからこそ，子どもを"わかる"という感性的子ども理解にエピソード記述は有効な手立てなのであり，〈すき―すき〉の関係を顕在化させてくれるのも，エピソード記述なのです。

　子ども理解の2つの側面，"しる"と"わかる"は，どちらもないがしろにはできませんが，今の保育の現場は，"しる"の側面が大きくなり過ぎているように思えます。それは乳幼児のための施設のみならず，小学校以上の教育現

---

　*2　室田一樹『保育の場に子どもが自分を開くとき――保育者が綴る14編のエピソード記述』ミネルヴァ書房，2013年。

場も同様です。学級崩壊やいじめによる自殺が恒常的に繰り返される原因も，大人が子どもを"しる"側面ばかりに気を取られ，子どもを"わかる"側面に目を向ける余裕を失くしているからではないかと思えるのです。なぜそのようなことになったのかといえば，それはわれわれ大人が，経済を重視し，情報化社会を歓迎し，グローバル化を過信してしまったからではないでしょうか。"しる"側面は，子どもの能力発達を重視します。子どもを評価することを求めます。気づけば子どもに力をつけることが，子どもの幸せに直結すると考える教育になってしまっていました。子どもの有能性を高めることは確かに必要ですが，一方で子どもの感性が磨かれる体験もなければ，真に豊かな学校生活にはならないのではないでしょうか。

　脱線してしまいました。再び，子ども理解になぜエピソード記述が有効なのかを，エピソードを1つ取りあげて具体的に考えてみます。

（1）エピソード「りくちゃんのきもち」を読む

エピソード　りくちゃんのきもち

2013年8月13日
山道祐子

〈背景〉
　りくちゃん（3歳2か月）は，小学生の兄と姉がいる3人きょうだいである。おうちでは，兄と姉のあとを追いかけるようにして一緒にくっついて遊んでいることを，ご両親からよく聞かせていただいている。
　園では，はるくん（3歳2か月）と仲が良く，月齢が同じことや好きな遊びが似ていることもあって，お互いに気がつくといつも一緒にいるような間柄で，気持ちも通じ合い，幼いながらも絆さえ感じる。特にりくちゃんのほうが，はるくんがお休みのときには，何だか物足りなさそうにしていることが多かったが，最近は，はるくんがお休みの日でも自分の好きな遊びを楽しむことができるようになってきた。言葉でのコミュニケーションが増えてきた分，はるくん以外の友だちとのかかわりも少しずつ見られるようになってきている。

〈エピソード〉

　午睡のあとのおやつの時間。まだまだ眠たい目をこすりながらも，なんとか着替えと排泄を済ませ，手洗いをし，他の子よりも少し早めに席に着き，いただきますを待っていたりくちゃん。そこへ，やっと着替えなどを終えた，こうたちゃん（2歳6か月）がりくちゃんのとなりの席に座ろうとしている。自分のことを何でもこなすりくちゃんに比べ，こうたちゃんは体つきも小柄で生活面でもまだまだ幼さが残る。こうたちゃんが椅子に座ろうとするも，バランスがうまくとれないようで，りくちゃんの体につかまり座ろうとしていた。

　私は，"りくちゃん，嫌がるんじゃないかな〜"と思いながら，少し様子を見ていた。というのも，今日の午睡前のりくちゃんのことを思い出したからだ。

　園庭で水遊びをしていたときのこと，仲良しのはるくんとその日もワイワイ楽しそうに遊んでいた。と，突然，りくちゃんの泣き声。はるくんの手にはジョウロ。どうやら，ジョウロの取り合いになってしまったようだ。目をつぶって，大声で泣くりくちゃんと気まずい顔をして困っているはるくん。目をつぶって大声で泣きはじめると，気持ちを切り換えるまでには少し時間が必要なりくちゃんなので，今日も長期戦かなと私も心のなかでなんとなく覚悟を決めて，りくちゃんに「どうしたの？」と聞いてみた。目をつぶって泣いている。はるくんの様子から「ジョウロ使いたかったの？」と聞き，同じデザインで誰も使っていなかったジョウロをもってきて，りくちゃんに渡そうとするとジョウロをポイっと投げてしまい，目をつぶったままさらに大きな声で泣く。はるくんの話では，はじめに，はるくんが使っていたようだったので，りくちゃんに「はるくんのジョウロを使いたかったの？」と聞いてみた。すると，泣いている声が小さくなり，目に力を入れてぎゅっとつぶっていたのが少しゆるんだ。その後，私のそばにしばらくいることで，気持ちも少しずつ落ち着いていったようだった。

　仲良しだからこその，こういう出来事は，りくちゃんとはるくんの間でもよくある。結局，りくちゃんは自分の気持ちをわかってもらえたことで少し気持ちがおさまったようだったが，本当のところは，なんとなく晴々とした気持ちにはなれていないのではないかという思いが残りながらも，そのまま食事，午睡と時間が過ぎていっていた。

　そして，おやつの時間。午睡前の出来事もあったので，りくちゃんがこうたちゃんのしているなにげないことに対して，"今日は少しよく思えないのでは……？"と思ってしまった私がいた。こうたちゃんのお手伝いをしようと，私が動きかけた

そのとき，りくちゃんが，こうたちゃんが座ろうとしている椅子の背もたれを，少し後ろに引いてくれたのだ。「りくちゃん，ありがとう！」「こうたちゃん，よかったね！　りくちゃんがお手伝いしてくれて」と私が言うと，りくちゃんは少し照れくさそうに微笑んだ。りくちゃんのそのやさしさに，ホワッと気持ちがあたたかくなるのを感じた。

〈考察〉
　なんだか，自分の心の狭さみたいなものを感じてしまい，ちょっと恥ずかしくなった。りくちゃんが，ずっと午睡前からのことを引きずっていると思っていた自分がいたからだ。りくちゃんとの長期戦も，いつもなんとなく時間に任せてしまって，りくちゃんがしっかり納得できているのかどうかもわからないことが多く，自分の対応がこれでよかったのかどうか気になりつつも，そのままでいる。
　りくちゃんに，救われた。モヤモヤとした気持ちのままでいるんじゃないかと思っていた私に，りくちゃんが"ぼくはもうだいじょうぶだよ"って言ってくれているような気がした。水遊びのときやそのあとしばらくは，モヤモヤとした気持ちが残っていたのかもしれないが，りくちゃんの気持ちに寄り添おうとしている私の気持ちが，りくちゃんに少しでも伝わったのかなと思うと，うれしくもなった。
　また，私の思いこみから，りくちゃんがもっているやさしさを頭の片隅に置いたままにするところだった。お友だちや自分より小さい子に対しても，自然とやさしく接しているりくちゃんのことを知ってはいるが，りくちゃんの機嫌ばかり気にしていて，りくちゃんのいいところを一瞬忘れてしまいそうだった。りくちゃんがお友だちに見せてくれたやさしさを，私もその場で見て，りくちゃんに「ありがとう！」と声をかけることができ，よかったなと思う。何よりも，りくちゃんの恥ずかしそうにしながらもうれしそうだったお顔を見ることができて，その時間を一緒に共有することができて，よかった。りくちゃんの成長をまたひとつ感じることのできるエピソードだったが，私自身もりくちゃんや子どもたちに置いていかれないように，成長していかなければいけないとあらためて思った。

（2）　不文の指導案が更新されるとき──背もたれの場面で

　こうたちゃんがりくちゃんの体につかまり座ろうとした瞬間を，山道さんもりくちゃんも見ていました。ところが，こうたちゃんの様子からふたりが思っ

たことは正反対だったと言ってもいいでしょう。山道さんは、"りくちゃん、嫌がるんじゃないかな〜"と心配になるのですが、りくちゃんは、こうたちゃんが座ろうとしている椅子の背もたれを少し後ろに引いてあげたのでした。

　山道さんが〈考察〉の冒頭に、「なんだか、自分の心の狭さみたいなものを感じてしまい、ちょっと恥ずかしくなった」と書いたのは、自分の思いに反してりくちゃんがこうたちゃんにやさしくしたからですが、山道さんが"りくちゃん、嫌がるんじゃないかな〜"と思ったのは、お昼寝まえに、「突然、りくちゃんの泣き声。はるくんの手にはジョウロ。どうやら、ジョウロの取り合いになってしまったようだ」という出来事があったからです。でも、山道さんが"りくちゃん、嫌がるんじゃないかな〜"と思ったのはそれだけではありませんでした。「目をつぶって大声で泣きはじめると、気持ちを切り換えるまでには少し時間が必要なりくちゃんなので、今日も長期戦かなと私も心のなかでなんとなく覚悟を決めて」と書いていることからもわかるように、りくちゃんとはるくんは仲良しなのに、いえ、仲良しだからこそ、目をつむり大声で泣かなければならないような事態はたびたび起こるのでしょう。そしてりくちゃんは、そうした事態の後は泣き止むまで時間がかかるだけでなく、落ち込んだ気持ちを抱えたまま、その後の時間を過ごすことが少なくないのでしょう。それで山道さんは、ジョウロの取り合いから時間が経っているにもかかわらず"りくちゃん、嫌がるんじゃないかな〜"と思ったのだと思います。ではなぜ山道さんは、こうたちゃんがりくちゃんの体につかまり座ろうとする場面を見た瞬間に今までのりくちゃんの姿を思い出し、その姿にさらにお昼寝まえの出来事を重ね合わせたのでしょうか。

　指導案というと、「ねらい」をもち、その「ねらい」を実現するために「予想される子どもの姿」に合わせて「内容」を考え、具体的な活動に落とし込んで子どもにさせることを言うようですが、実際の保育場面が保育者に求める指導案はそのようなものだけではありません。山道さんの心のなかには、"りくちゃんイメージ"があり、そのりくちゃん像から山道さんは、"りくちゃんへの願い"も心のなかにしまっています。その願いとはおそらく、"ジョウロの

取り合いのように友だちと上手くいかなくなっても，目をつむって大声で泣くのではなく，言葉で自分の気持ちや思いを伝えられるようになるといいね"という願いではないでしょうか。でもまだりくちゃんは3歳になったばかりですから，りくちゃんへの願いはそう容易に実現されるはずもなく，根気よく時間をかけて手伝ってあげなければなりません。そう考えれば，りくちゃんが目をつむって大声で泣くような事態はりくちゃんの心が育つためには必要で，りくちゃんは日々，心を育てるための練習問題に取り組んでいるようなものなのではないでしょうか。山道さんはそのことをよく心得ているので，"りくちゃんイメージ"と"りくちゃんへの願い"をりくちゃんのための不文の指導案（文章化されない指導案）にして，いつも心のなかに携行していたのではないかと思うのです。その不文の指導案を山道さんは，こうたちゃんがりくちゃんの体につかまり座ろうとする場面を見た瞬間に取りだし参照しました。ところがりくちゃんは山道さんの予想を裏切り，こうたちゃんが座ろうとする椅子の背もたれを少し後ろに引いてあげます。山道さんが用意していた不文の指導案に書かれていた"りくちゃんイメージ"とは異なる新しいりくちゃんがそこにはいました。新しいりくちゃんは山道さんの"りくちゃんへの願い"を体現していました。"りくちゃんへの願い"が実現すれば，"りくちゃんイメージ"が書き換えられるのはいうまでもありません。こうして不文の指導案は更新されていきます。

（3） 考察すると違う自分が見つかる──ジョウロの場面で

りくちゃんは，山道さんがはるくんのジョウロをりくちゃんも使いたかっただけなんだよねとわかってくれたことがわかり，ぎゅっとつむっていた目が少しゆるみます。それを山道さんも見逃しませんから，りくちゃんは山道さんのそばに少しいるだけで，気持ちを立て直すことができました。山道さんはおそらく，そばにいるりくちゃんに"だいじょうぶ，だいじょうぶ"というゆっくりした，やさしい気持ちを送り続けたに違いありません。そのおかげでお昼寝から起きてからのりくちゃんはもうすっかり大丈夫になれていました。でも，

山道さんはりくちゃんが気持ちを立て直したことに気づいてはいませんでした。ですから，こうたちゃんがりくちゃんの体につかまり座ろうとした瞬間，「"今日は少しよく思えないのでは……？"と思ってしまった私がいた」（エピソード），「ずっと午睡前からのことを引きずっていると思っていた自分がいた」（考察），と山道さんは書いたのでした。ところが山道さんは，りくちゃんが椅子の背もたれを少し後ろに引いたのを見て，「水遊びのときやそのあとしばらくは，モヤモヤとした気持ちが残っていたのかもしれないが，りくちゃんの気持ちに寄り添おうとしている私の気持ちが，りくちゃんに少しでも伝わったのかなと思うと，うれしくもなった」と考えることができました。りくちゃんの目から少し力が抜けたのを見逃さずにりくちゃんのそばにいたことで，このときすでに，りくちゃんは自分で自分の気持ちを立て直すことができていたことに，山道さんは気づくことができたのでした。これはおそらく，山道さんがこの場面をエピソードに描き，考察しなければ気づくことはなかったのではないでしょうか。りくちゃんのやさしさにホワッと気持ちがあたたかくなることを感じることはできても，なぜりくちゃんが椅子の背もたれを引くことができたのかは，じっくりと振り返らなければ気づけなかったのではないでしょうか。もしも気づけていたとしても，やはり記述することで，山道さんのりくちゃんをかわいいと思う気持ち，りくちゃんはやさしい子なんだという思いは深まったのではないかと思うのです。ここに，保育の場がエピソード記述を求める理由があります。でも，エピソード記述はそれだけではありません。

　山道さんは，「りくちゃんの気持ちに寄り添おうとしている私の気持ちが，りくちゃんに少しでも伝わった」ことで，りくちゃんが気持ちを立て直すことができたことに記述して気づいたとき，山道さんはりくちゃんの気持ちを手伝うことのできたもう1人の自分を発見しています。もう1人の自分に出会うことができたのです。これは，先に書いた新しいりくちゃんに出会ったことと同じです。もっとも，〈考察〉に山道さんは，「お友だちや自分より小さい子に対しても，自然とやさしく接しているりくちゃんのことを知ってはいる」と書いていますから，りくちゃんがこうたちゃんに見せたやさしさははじめてのこと

ではないのですが、ただ、不文の指導案に書かれた"（負の）りくちゃんイメージ"が呼び覚まされるような場面では、りくちゃんはそのやさしさを発揮することが難しかったのかもしれません。山道さんが〈考察〉に、「りくちゃんの機嫌ばかり気にしていて、りくちゃんのいいところを一瞬忘れてしまいそうだった」と書いているのはまさにこのとき、"（負の）りくちゃんイメージ"が立ち上がっていたことを示しているのではないでしょうか。このようにエピソードを考察すると、考察の鍵概念であるはずの不文の指導案も、実際の保育の場では諸刃の剣になることもあります。

　待った無しの保育現場では、咄嗟の判断が求められます。できればエピソードを考察するときのように時間をかけて言葉を選びたいところですが、それは許されない場合がほとんどです。だからこそ、咄嗟の判断の基準をどこに置くか、その基準をどこまで子どもの心が育つことに近づけるか、それが求められます。エピソードを記述して仲間と読み合えば、咄嗟の判断が求められた場面をゆっくり振り返り、そこに複数の視線を向けて読み込むことができます。それが保育者の保育観、子ども観を育み、仲間と共有することにつながっていきます。そうしたカンファレンスを積み重ねる間にいつか、共有されたものが山道さんの園の理念にまで高められていくのです。理念とは言わないまでも、"保育の場で大切にしたいこと"が、他の誰でもない自分たちのよく知る自分たちの園の子どものエピソードから抽出され、共有されていくのです。そうなればしめたもので、その"保育の場で大切にしたいこと"が、咄嗟の場面、待った無しの事態に役立ってくれるのです。

（4）　保育セッションを鍵概念にエピソード記述を読む

　次に、このエピソードの展開を保育セッションの視点から捉えると何が見えてくるのでしょう。

　山道さんはおそらく、ジョウロの場面も、こうたちゃんがりくちゃんの体につかまることも、りくちゃんが背もたれを後ろに引いてあげることも、予想していなかったと思います。ですが、ただ予想しなかったことが起きただけでは

保育セッションではありません。りくちゃんがこうたちゃんに見せたやさしさが山道さんに感動を与えたこと，そこにりくちゃんの心の育ちの手応えを山道さんが感じたこと，目に見える保育の展開の背後で，人の"思い"や"思いつき"が交叉する目には見えない感性的コミュニケーションが展開していたであろうこと，そして，山道さんの懐にあるりくちゃんのための不文の指導案が更新されたであろうことから私は，このエピソードの展開を保育セッションだと思うのです。ですから，保育者の予想を超えた保育の展開ではあっても，その展開に保育の意味を見いだせなければ，それは保育セッションではありません。保育セッションは保育の意味の生成なのです。保育の意味の生成とは，エピソード「りくちゃんのきもち」を考察して山道さんがもうひとりの自分を発見したことです。エピソードの展開に不文の指導案を更新させるくらいの新しいりくちゃんと，山道さんが出会えたことです。保育は本来，このように創造的な活動なのではないでしょうか。

　ところで，りくちゃんはジョウロが欲しくてはるくんの使っていたジョウロを取ろうとしたのでしょうか。ただジョウロが欲しいだけなら山道さんが渡そうとしてくれた同じデザインのジョウロを受け取ればよかったはずです。たしかに，もうすでに目をつむり大声で泣いてしまっていますから，いまさら何をどうしてもだめだったのかもしれません。あるいは取られたので取り返したかっただけなら仕方ないかもしれませんが，りくちゃんがはるくんの使っていたジョウロにこだわったのは，はるくんの邪魔をしたかったのでもなく，仕返しがしたかったのでもなく，はるくんと遊びたいという気持ちがはるくんの使っているジョウロへのこだわりになってしまい，結果的に無理やり取ろうとする羽目になってしまったのではないかと考えてみてはどうでしょう。本当のところはわかりません。でも，子どもたちの物や場所の取り合いに温かな視線を向けて，それが育ち合う姿なのだと思えれば，トラブルもトラブルには見えなくなるのではないでしょうか。

　人のものを取ったり，取られたからといって叩いたりすることはよくないことです。だからそういうことをしてはいけませんと子どもに注意するのも，ひ

とつの保育観でしょう。一方，よくないことなので，どうすればよかったのかを伝えたいと思うのもまた，ひとつの保育観です。でも，山道さんはそのどちらでもない保育観によって，りくちゃんに話しかけました。「はるくんのジョウロ使いたかったの？」。するとりくちゃんは，すでに見たように泣いている声が小さくなり，ぎゅっとつむった目を少しゆるめました。大好きなせんせいが自分の気持ちをわかってくれたと思ったのでしょう，ジョウロに向かっていた気持ちがふっと和らぎ，しばらく大好きなせんせいのそばにいることで，だんだん落ち着きを取り戻していきました。

　山道さんは子どものしたことの良し悪しや，トラブルになったときの相手に対して取るべき態度に目を向けずに，りくちゃんの気持ちのことを考え，りくちゃんの気持ちを手伝いたいと思ったように私には思えます。それが山道さんの保育観なのではないでしょうか。目に見える子どもの行動だけでなく，目には見えない子どもの気持ちや思いに視線を向ける保育観をもつ保育者が子どものそばにいることは，素敵なことです。そこは子どもたちにとって居心地のいい園です。こうした保育者の在りようを，エピソード記述を読み合って子どもから教わりたいのです。エピソード記述は書き手の気持ちのバロメータの針が大きく振れたときに書かれますから，読み手である私たちはエピソード記述の内容を情報として"しる"のではなく，書き手の気持ちを自分の気持ちにおいて"わかる"ことが重要です。

（5） エピソード記述が教えてくれた保育で大切にしたいこと

　保育の場にはじめてやってきた子は，親と離れ，馴染みのない場所に長い時間いなければならないことを受け入れられませんから，寂しくて，不安で，すぐにでも親の元へ帰りたいはずです。そのような子どもたちに園を居場所だと思ってもらおうというのですから，新入園児を受け入れた保育者の苦労は並大抵ではありません。ときには前年度から通ってくれている子どもまで泣きだす始末です。それでも，親身になってよくしてくれて，"そうね，さみしいね，かなしいね。でも，だいじょうぶ，だいじょうぶ"と，ゆったり話しかけてく

れる人に親しみを覚え，気持ちを立て直せるようになる頃には，泣いてしまう時間も短くなり，いつか自分から保育者の膝を降りて，見つけたおもちゃに手が伸びるようになります。そこまでくれば，〈すき―すき〉の関係になれた保育者を足がかりに，好きな場所，好きなおもちゃ，好きな仲間もできて，お家だけじゃなく，ここも居場所にしてもいいかなと思ってくれるようになり，ようやく園生活の開始です。先にも述べたように，園生活を可能にするのは，子どもと保育者の〈すき―すき〉の関係です。ですから，園生活を"生活すること"が，保育の場で「生活と遊び」というときの生活だと捉え直したいのです。

周りの子どもへの関心は0歳児クラスの子どもたちも十分にもっているようですが，"僕たちだけで遊ぶから，せんせいはあっちにいってて。何かあったら呼ぶから"と，自分たちだけで生意気に遊ぶようになるのは3歳の誕生日を過ぎた頃からでしょうか。排泄も自立して身の回りのことにも自分なりの自信をもち，手も出ますが言葉で自分の思いを相手に伝えるようにもなれば，立派な幼児です。それでも，自分の思いどおりにならないことは頻発しますから，まだまだ保育者の手伝いは欠かせません。手伝いは子どもの活動の自由度が高い保育ほど多くなります。でも，保育者が気持ちを手伝ってくれるから，子どもの心は育っていくのではないでしょうか。やがて歯が生え変わる頃には小学生になる気構えも整い，あとは卒園式を待つばかりです。その頃には，友だちがいることの喜びも，しっかりわかってくれています。友だちとの違いを認めて自分を知り自分を受け入れています。そうできるのも，親との間に，保育者との間に，そして友だちとの間に〈すき―すき〉の関係を築き，それを土台に，"一緒が楽しい"を何度も体験したからです。つらいとき，寂しいとき，悲しいときに何度も気持ちを手伝ってもらったからです。こうした経験がその子の人生の土台の一部になることを，私は信じて疑いません。これが私の思う保育の場の生活です。

お母さんが恋しいと泣いてくれるから，保育者は子どもを抱っこすることができます。話しかけることができます。涙を拭いてやることができます。友だちと喧嘩になるから，保育者の出番があります。子どもから好かれるから，い

ろいろとお誘いを受けて遊ぶことができます。そういう機会を子どもから与えられて，私たちは子どもの心を育むことができるのです。

　思えば，保育室に入って片隅にそっと座っていると，子どもが見つけて"ねえ，あそぼ！"と言ってくれるときのうれしさを忘れない謙虚さこそ，エピソード記述が私に教えてくれたことでした。

　さあ，今日も保育者の仕事を始めましょう。

第2章
感性的子ども理解 ="わかる"がなぜ重要なのか

第 2 章　感性的子ども理解 ="わかる"がなぜ重要なのか

●●●●●●●●●●

　ぎこちない抱っことしっくり抱っこ。抱っこがつらいのは腕がしびれたり腰が痛かったりするからだと思っていましたが，保育者の思うつらい抱っこは，子どもと気持ちが通じ合わないままに続くどこかぎこちない抱っこのようです。それは子どもも同じなのかもしれません。大好きな先生が，"私のことをわかってくれた"と思えるまで，子どもは執拗に抱っこを求めます。わかってくれるまでは，子どもにもぎこちない抱っこです。では，どういったときにぎこちない抱っこがしっくり抱っこになるのでしょうか。

　本章では，抱っこする―されるという体験による"わかる"という感性的子ども理解からはじめて，〈すき―すき〉の関係の生成と変容をエピソード記述に見たいと思います。

第1節　ぎこちない抱っことしっくり抱っこ

　最初に取りあげるエピソード「私としゅうくんの関係」を書いた小林さんは，このとき2年目の保育士さんでした。勉強会には2年先輩の高木さんと参加しており，主任の鳥畠さんもオブザーバーとしてカンファレンスを聞き，熱心にノートをとっておられました。

エピソード　私としゅうくんの関係

2013年9月26日
小林恵理

〈背景〉

　18人の子どもたちを4人で担任する1歳児クラスに在籍するしゅうくん（1歳9か月）は，1日を私の抱っこで過ごすことがよくある。ところが，私がいない日は抱っこを求めることもなく，好きな遊びを見つけて活発に過ごしていると聞き，私のいるときといないときの姿が違うことを知った。きっとしゅうくんは私に甘えて

いるのだと思い，抱っこを求めてきたときは，できるだけしてあげるようにしていたが，1日のほとんどを抱っこで過ごすことになるので，私は，"これで良いのかなぁ"，"このままずっと抱っこでの日々になるのかなぁ"と思いながらも，抱っこでしゅうくんの気持ちを受け止めてきたつもりだ。そんななか，最近になり少しずつだがしゅうくんに変化が見られ，私がいても遊びを見つけて楽しんでいる姿が見られるようになってきた。そのようなある日，ホールで遊んだときのことだった。

〈エピソード〉

　いつものようにしゅうくんは1人で階段をのぼり，スタスタとホールに向かっていた。ホールまでは抱っこではなく自分で行き，ホールに着くと抱っこを求めてくることが多い。私は，"いつものように抱っこかなぁ"と思っていたが，しゅうくんは抱っこを求めず友だちとホールのなかを走りまわり，そのまま積み木のところに行って遊び始めた。"あれ？　今日は抱っこを求めてこなかった……めずらしいなぁ"と思いながらも，遊んでいるしゅうくんを見て少しうれしく感じた。

　しゅうくんが遊べているので，私が他の子と追いかけっこをしていると，急にしゅうくんが「うぁーぁ！」と泣きそうな，すねて怒ったような顔で私を追いかけ抱っこを求めてきた。"あ，きた……"と私は思いながらもしゅうくんを抱っこし，「積み木であそんどったん？」と声をかけながら抱きあげた。"今日もずっと抱っこになるのかなぁ"と思いながら少しの間抱っこしていたが，他の保育士と子どもたちがワンダーブロック（柔らかい素材のパズルのようなブロック）を組み合わせて箱やアイスクリームをつくって楽しそうにしていたので，私はしゅうくんに，「みてぇ！　なんかつくっとるよ！　しゅうちゃんもしてきたらぁ」と指差して声をかけると，しゅうくんは「ん！」とその様子を見て少し興味をもったようだったので，今のしゅうくんなら遊べるのではないかと思い，しゅうくんを抱っこから降ろすと，しゅうくんは嫌がることなくそのままワンダーブロックのところに走って行った。

　抱っこから降りることを嫌がらず，そのまま遊びに行ったしゅうくんに"あれ？いつもと違う！"と私は思い，その姿に驚いたと同時にうれしく感じた。しゅうくんがまた楽しく遊べているので，私はさっきと同じように他の子と追いかけっこをして遊んだ。すると，それに気づいたしゅうくんはまたさっきと同じような表情で私を追いかけ抱っこを求めてきた。私は"さっきと同じだ"と思い，しゅうくんは，私が自分とではなく他の子と楽しそうに遊んでいる姿を見て怒り，甘えにきたのだと感じた。私は，しゅうくんの気持ちを受け止めようと，走ってきたしゅうくんを

抱っこして顔を見て笑いかけたり，たくさん話しかけたりした。そして，しゅうくんの機嫌が直ってきた頃，また抱っこから降ろすとやっぱり嫌がらずに降りてくれ，そのまま走って空いているコンビカーに乗り，私の顔を見た。私が，「やったねぇ，コンビカー乗れたねぇ」と声をかけるとうれしそうに頷き，少しコンビカーに乗って遊び，乗り終わるとまた私の顔を見るので私も見返した。目が合うとうれしそうにしていた。しゅうくんはそのままボールを拾い，投げたり蹴ったりして遊んでいた。その後も抱っこを求めることも少なく，少し抱っこしてあげるとすぐに降りてホールでの遊びを楽しんでいた。

〈考察〉
　しゅうくんは，特にホールのときは抱っこが多いので，この日も抱っこになるのではないかと思っていた。いつも，抱っこをしていても楽しそうに遊んでいる友だちを見てどことなくうらやましそうに見ているようにも感じていたので，しゅうくんもホールで楽しく遊べたらいいなぁと私は思っていた。しゅうくんは遊びたい気持ちはあるが，抱っこをしてほしい気持ち（甘えたい）もあり，また，自分だけを見ていてほしいという思いがとてもあるのだと思っていた。
　この日は，しゅうくんが抱っこばかりではなく，自分から遊びを見つけて楽しんでいる姿を見てとてもうれしく思い，何かしゅうくんのなかで私との関係に変化が見られたように感じた。今までは，甘えのなかに"この人は本当に甘えさせてくれて，思いを受け止めてくれるのだろうか"というような，ためす気持ちがあったのではないかと思ってきた。しかし，今日の出来事で，しゅうくんのなかで，甘えのなかに"甘えたいときにいつでも受け入れてくれる，いつでも見ていてくれている"という安心感が生まれたのかなと感じた。その思いがあるので，少し抱っこしてもらうと気がすみ，抱っこから降りてまた遊びに行けたのではないかと思い，しゅうくんと私のなかで信頼関係が築けてきたような気がした。
　私は，抱っこばかりのしゅうくんに抱っこを求めてきたときにはできるだけしてあげ，甘えたい気持ちを受け止めてきた。しかし，なかなかしゅうくんの様子は変わらず，抱っこ抱っこの日々なので，私はしゅうくんの気持ちを常に受け止めてあげ，抱っこをしてあげていたが，しゅうくんとのかかわり方はこれでいいのだろうか，これから遊べるようになるのだろうかと，気持ちを受け入れるたび思い考える日々が続いていた。でも，このときの姿を見て，今までのしゅうくんとのかかわりは決して無駄ではなかったのだと思い，とてもうれしかった。

> これからもしゅうくんとかかわるなかで，しゅうくんが安心して"この先生がいるから大丈夫"と思い，いろいろなことに興味をもって楽しめるようにかかわっていきたいと思う。

（1） ためしからの抱っこと，信頼・安心の抱っこ

　小林さんは，5月にもしゅうくんの抱っこにまつわるエピソード記述を提供してくれていましたので，数か月にわたって小林さんがしゅうくんの抱っこを受け入れ続けたことには，頭が下がる思いがします。小林さんを心のよりどころにして，しゅうくんがホールで活発に遊ぶようになったことを喜ぶ小林さんの気持ちが伝わり，読み手を安堵させてくれるよいエピソード記述だと思います。それでも私は，どこかこのエピソードに"硬さのようなもの"を感じてしまい，私なりの考察を書き出せずにいました。行き詰った私は小林さんに e-mail を送り，次のようなやりとりをしました。

> 小林さんへ
> 　室田です。5月よりも9月のほうが，抱っこを求めることが多くなったというか，しつこくなったというか，そんな感じだったのでしょうか？　裏返せば，それだけしゅうくんが小林先生のことを好きになったということだと思うのです。急ぎませんので教えてください。

> こんにちは。小林です。
> 　5月のときと9月のときでは，抱っこを求めることやしつこさはあまり変わらない感じだったのですが，5月のときは抱っこになるとずっと抱っこで降りることを嫌がり遊べない，何もできない感じでした（本人もなんだか楽しくなさそう）。9月になっても変わらず抱っこはありましたが，ずっとではなく少し降りて遊ぶようにもなったり，遊びの途中で私のほうを見るので笑いかけたり，話しかけると再び遊び続けたりという感じでした。
> 　私自身，5月頃はためしからの抱っこで，9月頃からは信頼・安心の抱っこの関係に変わったのかなぁと思いました。このようなお返事でよろしかったでしょ

うか。*¹

　小林さんが書いている「ためしからの抱っこ」とは言うまでもなく，しゅうくんから本当に甘えさせてくれる人かどうかを試されているような気がしていたときのことを指しています。でも小林さんはその抱っこが，「信頼・安心の抱っこ」に変わったのだと，私に教えてくれました。このメールを読んで私は，ようやく私なりの考察を始めることができました。

　まだ2歳にもならないしゅうくんにしてみれば，言葉ではうまく，"こばやしせんせいのことだいすきだよ"と伝えられないので，小林さんにだけ特別に抱っこを求めて自分の好きだよの気持ちをわかってもらいたかったのではないでしょうか。わかってもらいたいとまでは思っていなかったとしても，ともかく小林さんのことが好きなので，顔を見れば抱っこしてほしくなっていたのだと思います。ところが小林さんは，同じクラスの人たちからしゅうくんは本当に小林さんのことが好きなんだよと教えてもらっても，抱っこばかりじゃどうなんだろう，しゅうくんだけ抱っこしていていいのだろうか，他の先生にも負担をかけているに違いないし，ただ甘やかしているだけじゃだめじゃないのかという思いが邪魔をして，"こばやしせんせいのことだいすきだよ"というしゅうくんの気持ちに"ありがとう，せんせいもしゅうくんのことだいすきだよ"と，夾雑物（邪魔をする思い）を排してまっすぐに応えることができなかったのではないでしょうか。

　これは主任の鳥畠さんに確認してわかったことですが，しゅうくんは進級当初こそ寂しさや不安から抱っこを求めたこともあったかもしれないが，その時期が過ぎてからは，家族との関係や園での生活で不安を抱えるようなことはなかったと思うので，やはりしゅうくんが小林さんにだけ抱っこを求めたのは，ただ小林さんのことが大好きだったのだとしか思えませんとのことでした。そのようなしゅうくんの気持ちを，小林さんがまっすぐに受け止めきれていなか

---

*1　e-mailに小林さんが「ためしからの抱っこ」と「信頼・安心の抱っこ」を書いたのは，小林さんがエピソード「私としゅうくんの関係」を書いてから1年半後のことになります。

ったことは，〈考察〉に使われている"ためす気持ち"という言葉からも窺い知ることができます。

　今までは，甘えのなかに"この人は本当に甘えさせてくれて，思いを受け止めてくれるのだろうか"というような，ためす気持ちがあったのではないかと思ってきた。しかし，今日の出来事で，しゅうくんのなかで，甘えのなかに"甘えたいときにいつでも受け入れてくれる，いつでも見ていてくれている"という安心感が生まれたのかなと感じた。

　しゅうくんのなかに安心感が生まれたという手応えを得て小林さんは，それまでしゅうくんは私のことをためしているのかもしれないと思ってきたことが，そうではなかったのだと思い直します。思い直したということは，この日まで小林さんはしゅうくんからためされていると思い続けてきたことになります。それが私には抱っこの日々を長引かせた要因ではなかったのかと思えるのです。
　しゅうくんに好かれる喜びを素直にしゅうくんに伝えれば，小林さんとの〈すき―すき〉の関係をしゅうくんはもっと早く感じ取ることができ，必要以上に抱っこを求めることもなかったかもしれません。あるいは小林さんも，不安や寂しさやわがままから抱っこを求めているのではなく，ただ私のことが好きだから抱っこしてって言ってくれるのだとわかれば，抱っこのたびに早く抱っこから降りてみんなと遊べるといいのになあ，いったいこの抱っこの日々はいつまで続くのかしらと悩まずに済んだかもしれません。そうなれば，もう少し早く２人にとっての〈抱っこする―される〉は，"うれしいね，気持ちいいね"を共有するしっくり抱っこになっていたのではないでしょうか。
　エピソードが展開した園のホールを俯瞰したなら，この日のしゅうくんは，給油のためにサービスステーションをたびたび訪れる自動車のように見えるのではないでしょうか。少し抱っこされると小林先生の匂いのするガソリンは満タンになって，また遊びに向かっていきます。その繰り返しによって，小林さんも長かった抱っこの日々をくぐり抜けて，「しゅうくんと私のなかで信頼関係が築けてきたような気がした。今までのしゅうくんとのかかわりは決して無

駄ではなかった」と思うのでした。そしてエピソードも終盤に差し掛かると，「私の顔を見るので私も見返した。目が合うとうれしそうにしていた」というのですから，ついに2人は，目を合わせるだけでお互いの気持ちを確認できるまでになっていました。

（2） メタ考察とは何か
——メタ考察から浮かびあがったマニュアル抱っこと愛情抱っこ

　私なりのしゅうくんの抱っこに関する考察は以上ですが，以前に私が園内研修に招かれた保育園で主任を務める桑原さんがこれを読んでコメントを送ってくれました。

　園内研修を機にエピソード記述を知った桑原さんは，8年以上にわたり同僚とエピソードを記述して読み合ってこられました。まれにそのエピソード記述を送っていただいたり，質問に答えたりしてきており，私の書いたものも折にふれて読んでもらっていました。そのようなわけで本書の下書きの原稿を送ったのですが，返信されてきたコメントは，ごちゃごちゃ考えていた私が思わず膝を打つ内容でした。というのも，ここまで考察してみても私のなかにはまだどこか，"硬さのようなもの"への違和感が残っていたからなのです。その違和感は結局，私が小林さんのエピソード記述をしっかりと読み込めていなかったからでした。私にはいくら考えても，どこで「ためしからの抱っこ」が「信頼・安心の抱っこ」に変わったのかを見つけられなかったのです。ところが桑原さんは，小林さんの記述に出てくる"〜してあげる"という表現に問いを立てて考察を進め，エピソードの書き手である小林さんの気持ちの変化を，見事に捉えていました。

エピソード「私としゅうくんの関係」を読んで

　子どもの思いを受け止めることを大事にしなくてはいけないという小林先生の必死な思いからか，"抱っこしてあげる"という表現が何度も出てきます。私が

このエピソードを読んだときに，義務的に抱っこしているように感じてしまったのは，この"受け止めてあげる""抱っこしてあげる"という表現によるものではないかと思います。
　"～してあげる"という表現からは，（お互いの関係や，ときと場合にもよるかもしれませんが）上から物申しているような感じ，恩着せがましい感じ，一方的な感じがするので，私は好みません。このことを踏まえて，以下，エピソードを読んで思いついたことをつらつらと書きます。
　エピソードにも考察のはじめにも，「ホールに着くと抱っこを求めてくることが多い」と書いてあるので，しゅうくんは広くて騒々しいところが苦手なのでホールでは大好きな小林先生に抱っこしてほしくなるのかなと思いました。
　この日"いつものように抱っこかなあ"と思っていたのに，抱っこを求めず遊んでいるしゅうくんを見て，先生は「少しうれしく感じた」と書いてありますが，少ししかうれしくなかったのは，"あれ？ 抱っこしなくていいの？"と，少しさみしい気持ちもあったからではないでしょうか。だから，すねて怒ったように追いかけて抱っこをせがんできたときの「あ，きた……」からは，先生のちょっとうれしい気持ちが感じられました。その場面の抱っこは，「抱っこしてあげた」ではなく「抱きあげた」と書かれていることからも，先生の"しゅうくん，まってたよ""しゅうくんが私のところにきてくれてうれしい""しゅうくんを抱っこできてうれしい"という気持ちが感じられます。
　ホールに着いて抱っこを求めずにしゅうくんが遊びにいってしまったときは，（たぶん）うれしくもありさみしくもあった先生ですが，一度抱っこをしたあとに遊びに行ったしゅうくんを見て「あれ？ いつもと違う！」と驚いたと同時にうれしく感じたところからは，"しゅうくんが楽しくて私もうれしい"という先生の思いが感じられました。このときは，「少しうれしく感じた」ではなく「うれしく感じた」となっているので，本当にうれしかったのだと思います。
　２度目に走って抱っこを求めてきて"さっきと同じだ"と思ったときも，「抱っこしてあげた」ではなく，「抱っこして笑いかけたりたくさん話しかけたりした」となっていることから，"やきもちやいて，かわいいなあ。よしよし，抱っ

こしようね"と，本当にしゅうくんがかわいくて大好きという気持ちで抱っこしたのだろうと思いました。

　コンビカーに乗って先生の顔を見たときは，しゅうくんが"ほら，ぼくちゃんと遊べるよ"と言っていたように思えます。そして，「乗り終わるとまた私の顔を見るので私も見返した」というところからは，しゅうくんがコンビカーに乗っている間，先生はずっとしゅうくんの様子を見ていたんだなあと，先生のしゅうくんに対する"しゅうくん大好き""楽しく遊べてよかったね""先生もうれしいよ"という温かい思いが伝わってきました。「目が合うとうれしそうにしていた」のは，考察にも書いてあるとおり，"せんせいはいつでもちゃんとぼくを見ていてくれる"という安心感の表れでしょう。

　背景の最後の一文にある，「最近になり少しずつだがしゅうくんに変化が見られ，私がいても遊びを見つけて楽しんでいる姿が見られるようになってきた」のは，どうしてかな……？　と思っていたのですが，エピソードをじっくり読んでみて，はじめの頃は"抱っこしてほしがっているのだから抱っこしてあげなくてはいけない"という思いで，義務的にマニュアル的に真面目に抱っこしていたのが，何か月も抱っこを続けるうちに，だんだんしゅうくんのことがかわいくなってきて，好きな気持ちがふくらんでいき，少しずつマニュアル抱っこが愛情抱っこに変化していったからなのではないかと思いました。そして，このエピソードで小林先生は，求められるからしてあげる義務的な抱っこではなく，"先生も抱っこしたい""喜んで抱っこしてあげたい""しゅうくん大好き"という気持ちで本当の抱っこができたのではないかなと思いました。だから，考察に書いてある「しゅうくんのなかで私との関係に変化が見られた」のは，先生の抱っこするときの気持ちが変化したからこそのように感じられました。

　エピソードの最後に，私の好まない"あげる"が出てくるのですが，この"あげる"は不思議なことに，上からの感じがせず，"大好きだから抱っこしてあげたい"という先生のしゅうくんに対する"大好き"の気持ちが込められているような感じがしました。

　見ず知らずの人が書いたエピソードを自分なりに考察してみて，斜に構えたよ

> うな姿勢で読むのと，好意的な気持ちで読むのとでは，エピソードに対する感じ方が違ってくることを実感しました。また，いろいろな思いを排除して読まないことには，大切なことを見落としてしまうこともわかりました。

　小林さんがメールに書いた「ためしからの抱っこ」と「信頼・安心の抱っこ」を，桑原さんは，「マニュアル抱っこ」と「愛情抱っこ」と書き，マニュアル抱っこから愛情抱っこに変化していく過程を，"あげる"や"少し"といった言葉に注意を払って読み込んでいます。おそらく小林さんは，その"あげる"や"少し"を意図的に使い分けたのではないように私には思われ，そこにエピソード記述の奥深さを見る思いがします。

　ところで，このような深いコメントを書いた桑原さんですが，実は最初に送ってくれた感想には小林さんの抱っこが義務的な感じがすることだけが書かれていたのですが，この後に取りあげるエピソード「いっしょに！」を書いた川口さんの感想を読んで，自分が斜に構えて読んでしまったことに気づき，自分のなかにあった先入見や思い込みを横に置いて読み返してくれたのでした。これはエピソードを考察するときの大切な姿勢です。エピソード記述は，エピソードに問いを立て，あくまでもエピソード本体のなかに描かれていることを資料に考察を加えることが重要です。また，このコメントがそうであるように，自分以外の人の書いたエピソード記述にメタ考察を加える場合もそれは同じです。タイトルも含めた全体を何度も読み返して，問いを立ててその問いを真摯に問う姿勢が求められます。それは自分の書いたエピソード記述を再考する場合も同じであることは言うまでもありません。

　ここまで，小林さんとのe-mailのやり取りや，私自身の考察，鳥畠さんのお話，桑原さんから届いたコメントなどを交えながらエピソード「私としゅうくんの関係」をめぐって検討してきましたが，つまるところ，小林さんに送ったe-mailにあるように，私はしゅうくんが徐々に小林さんのことを好きになり，それが小林さんの抱っこを変化させたのだと思い込んでしまっていました。ところが変わったのは小林先生であり，思えばしゅうくんは"こばやしせんせ

いのことだいすきだよ"を伝えるために一貫して抱っこを求め続けていたのではないでしょうか。私のなかに，変わるのは子ども，育つのは子どもだという先入見，思い込みがあったことを，あらためて思い知ることになりました。

　メタ考察は，すでに与えられた考察を考察することです。それがエピソード記述の書き手自身による場合もあれば，桑原さんのコメントのように読み手が行う場合もあります。いずれにしても，エピソード記述に新しい"読み"が与えられること，新しい問いが立てられて議論を深めることをメタ考察と考えて差し支えないと思いますが，それは新しい"読み"がそれまでの議論を否定するものではありません。なぜならエピソード記述は，子どもや保育者の言動が正しかったか否かを問うためのものではないからです。目には見えない気持ちや思いに踏み込んで考えるとき，その気持ちや思いにどのような感情が込められていたのか，その気持ちや思いからどのような保育観，子ども観を読み取ることができるのかを考えること，意味を求めることがエピソード記述だと思います。ですからそこに複数の"読み"が可能となり，複数の"意味"が浮かびあがります。その複数の"読み"や"意味"は，一筋縄ではいかない保育に携わる保育者に複数の視点を与え，それが懐の深い保育者，子どもから魅力的に見える保育者に育ててくれるのではないかと，私は思っています。

（3） 同僚がいる──エピソード記述を読み合うと培われる理念の共有

　小林さんが勤務する園の鳥畠さんの話には続きがありました。しゅうくんがただ小林さんのことが大好きだっただけなら，どうしてそれを素直に喜べなかったのでしょうねと尋ねる私に，経験も浅いためわからないことも多く，周りの人たちの思いも気になるといったなかですから，なかなかしゅうくんの気持ちをまっすぐに受け取ることは難しかったのだろうと思いますとの返事がかえってきました。そのようなやり取りの後，受話機を置いた私は，小林さんがこのエピソードを発表した勉強会の記録を読み返してみました。するとそこには，小林さんと一緒に勉強会に参加していた高木さんが「悩みながらしゅうくんとかかわり，"今までのしゅうくんとのかかわりが決して無駄ではなかった"と

いう一つの考えにたどり着けたことが，頑張ったなあと思った。同じクラスの先生が温かく見守ってくれたからここまできた。いいクラスだと思う」と発言したことが残されていました。

　国の定める職員配置基準よりも多く保育士が配置されているとはいえ，18名を4名で担任する1歳児クラスで，小林さんがしゅうくんを終日抱っこしていたとしたら，どうしても他の3名の負担が大きくなります。ですから小林さんに対して，そんなに甘やかしてばかりでどうするのと言う保育者がいたとしても不思議ではないのですが，小林さんが勤務する園はそういう保育文化ではありませんでした。

　小林さんはしゅうくんの抱っこを取りあげて，自分の苦労と喜びを勉強会の仲間に伝えてくれました。勉強会の参加者は小林さんのエピソード記述を読み合い，感想や意見を出し合いました。そのなかで高木さんが，同じクラスの先生が温かく見守ってくれたことを指摘しました。こうして，保育の場で大切にしたいことを勉強会の仲間で共有することができたのでした。勉強会は9か園が集まっているので，しゅうくんのことを知っている人はわずかです。それでもエピソード「私としゅうくんとの関係」は，参加者にある種の感銘を与えました。ですからしゅうくんのことをみんなが知る園内で語り合われれば，園の保育文化はさらに洗練されて職員間で共有されます。実際に小林さんの園では，勉強会に提供するエピソード記述は，事前に園内でのカンファレンスで議論して，必要があれば書き手がリライトし，勉強会が終われば，そこで出た意見がどのようなものであったかが報告されていたそうです。それはいい園内研修になったと，これも鳥畠さんからお聞きしました。

第2節　"抱っこしなければ"が"抱っこしていたい"に変わる

　私が園長を務める岩屋こども園アカンパニ(以下，アカンパニ[*2])でも，職員が描いたエピソード記述を資料にカンファレンスがもたれます。偶然ですが，小林さんのエピソードを何度も読み返していたちょうどその週のカンファレン

スに，とてもよく似た状況を取りあげたエピソード記述が提供されたのです。

そのエピソード「いっしょに！」を書いた川口さんは，保育士になったばかりでした。登場するえむちゃんもしゅうくん同様，1歳児クラスに在籍し，しゅうくんとは2か月しか違いません。そして何より，えむちゃんも川口さんに抱っこをねだるのでした。

エピソード　いっしょに！

2015年3月19日
岩屋保育園　川口未央

〈背景〉

　えむちゃん（2歳1か月）は，0歳児クラスから1歳児クラスのしろ2くみへ進級してきた女の子である。兄がふたりいる末っ子で待望の女の子であるえむちゃんは，とても大切にかわいがられて育っているということもあってか，人見知りで甘えん坊なところがあった。そのためか進級当初から保育士に抱っこを求めることも多く，1日のほとんどを泣いて過ごすことも少なくなかった。特に私に対しての甘え方は強いもので，抱っこなしではどうしようもなく泣き崩れてしまうという日々がしばらく続いていた。

　それでもお盆明けあたりから，少しずつ抱っこから降りて楽しそうに遊ぶ姿も見られるようになってきていたえむちゃんだったが，なぜか私の顔を見るとすぐに抱っこと号泣して後を追いかけて来ることがしばしばあった。なぜ他の先生とは楽しんで遊べるのに，私を見ると泣いてしまうのだろう……。そんな気持ちが募り，私がいなければ気持ちが崩れてしまうこともないのになぁと思うようにもなっていた。このままではいけないという思いと，本来の無邪気で明るいえむちゃんで過ごしてほしいという思いのなかで，どのようにかかわっていけばよいか戸惑いを感じる日々が続いていたときに訪れたエピソードである。

＊2　2015年4月，幼保連携型認定こども園への移行を機に，園名を岩屋保育園から変更しました。そのため変更以前のエピソードの園名表記はすべて岩屋保育園になっています。ちなみに，アカンパニとは「伴奏する」と言う意味です。歌に限らず，私たちがいい伴奏をして子どもたちの豊かな表現を聞かせてほしいと願っています。

〈エピソード〉
　ある朝，遅い出勤時間であった私が部屋へ向かうと，ほとんどの子どもたちがすでに登園し，それぞれに遊んでいた。そのなかにえむちゃんの姿もあった。いつもならこのような状況でも私の姿を見た途端すぐに抱っこと泣き崩れるのだが，その日はそのようなこともなくここちゃん（2歳3か月，仮名）と一緒にままごとをしている。ご機嫌そうなえむちゃんに私は内心ほっとして，しばらくその様子を眺めていた。
　えむちゃんがご機嫌なことで私の気持ちにも余裕があったのか，穏やかななかで朝の集まりを始めることができた。そこでもえむちゃんは楽しそうに話を聞いてくれている。なんだかとてもうれしい気持ちになり，そのまま散歩へ出かけることにした。何人かの子どもたちと一緒にひとまず靴を履いて玄関から出た。先に外へ出ていた林先生の「散歩チーム！　先生と行こーう！」という掛け声に，えむちゃんも楽しそうについて行く。その姿を見届け，門を閉めてテラスにいる子どもたちの側に行こうとすると，急に後ろから手を引っ張られたので，何かと思い振り向いた。すると，散歩に向かうはずのえむちゃんが戻ってきていたので「あれ？　どうしたん？」と聞くと，「っしょに！　っしょにー！」と私の手を強く引っ張ってきた。一瞬，何を言っているのかわからなかったのだが，すぐに「一緒に行こう」という意味だということが伝わってきた。今まではやりたいことがあると泣いて何かを訴えるだけだったのが，初めて泣かずに自分の気持ちを表現してくれたことに，私はなんだかうれしくなり，わざわざ戻ってきてまで一緒に行きたいと必死に手を引っ張ってくれているえむちゃんがとても愛おしく思えた。
　できることなら「うん，行こう！」と言いたいところだったのだが，その日は私がリーダーで描画を部屋に残ってすることになっており，他の先生も食事やトイレなどで部屋のなかの子どもたちを見ていたので，テラスに出ていた子どもたちは私しか見ることができず，散歩は林先生に行ってもらうようにお願いしていた。そのため一瞬迷ったのだが，「ごめん！　えむちゃん。先生行けへんし林先生と行ってきてくれる？」と伝えた。するとその瞬間，いつものように大きな声をあげて泣き出してしまう。私は"やってしまった……"と思い「ごめんな。先生も行きたいんやけど今日はお部屋やねん。林先生とお散歩行かない？」と聞いてみるが足をばたばたさせて泣き続けるえむちゃん。「じゃあ先生と一緒にテラスでもいい？」と聞くが，やはりだめで，私はどうすればよいかまた戸惑ってしまった。
　先に出発しようとされていた林先生も，その泣き声に様子を見に来てくださり

「川口先生じーじ（絵を描くことをなぜかこのように言う）しはるから先生と行かない？」と声をかけてくださった。しかしその言葉も聞こえないほどに大きく響き渡る泣き声に，周りの子どもたちもざわめき始めたので，私はえむちゃんを抱っこして一度テラスに戻ることにした。

　一瞬の出来事であったが，私の言葉で今まであんなに機嫌の良かったえむちゃんを泣かせてしまったこと，何より，一緒に行きたいと笑顔で伝えに来てくれた気持ちを私の都合で壊してしまったことが本当に申し訳なく，なんてひどいことをしてしまったんだろうという気持ちでいっぱいになった。いつもならすぐに泣き止むようにと必死になっていたのだが，その日ばかりはどうしてもそのような気持ちにはならず，もういくら泣いてもいいからずっとえむちゃんを抱っこしていたいと思った。さっきは断ってしまったけれど，本当はうれしかったこと，えむちゃんが大好きで，一緒に散歩に行きたかったということをとにかく一番に伝えたかった。そんな思いで泣き続けるえむちゃんをしばらくの間ぎゅーっと力いっぱい抱きしめていると，すっとえむちゃんの力が抜けたのがわかった。まだ泣いているのだが，明らかに泣き方が変わったのもわかった。そして，私の肩に寄りかかるようにして顔をうずめてきたので，すかさず私もえむちゃんの頭に顔を軽く乗せ返した。少しずつ泣き止んできたので「落ち着いた？　さっきはごめんね。一緒に行きたいと思ってくれたのに」と話しかけてみた。返事は何もなかったが，その頃にはえむちゃんは泣き止んでいたので「先生もえむちゃんのこと大好きやし，いっぱい遊ぼうなあ」と話を続けると，コクンとうなずいてくれた。私はほっとし，同時になんとなくもう今のえむちゃんは抱っこから降りても大丈夫という気がしたが，もっとえむちゃんを抱っこしていたいと思ったので，しばらくそのままの状態で時間を過ごした。すると急に降りたそうなそぶりを見せたので「せんせいそろそろお部屋入ってじーじするけど，えむちゃんはどうしたい？」と聞くと「いくー！」と返事をしてくれた。「じゃあ一緒に行こっか」と言うと「っしょにー！」と再び笑顔で私の手を引っ張り，玄関まで力強く連れて行ってくれた。その後ろ姿を見ながら私は，なんだかえむちゃんとの距離が一歩近づいたような気がした。

〈考察〉
　もしあのときすぐにえむちゃんの気持ちに応えることができていたなら，きっと楽しく大好きな散歩にでかけることができていただろう。そんな気持ちがしばらく私のなかに残っていた。そしてなにより，わざわざ戻ってきてまで「行こう！」と

言って手を引っ張ってくれたときのえむちゃんの気持ちを考えると，私の事情でその気持ちを壊してしまったことに胸が痛くてたまらなくなった。
　あのときのえむちゃんの「一緒に行こう」は，もしかすると私ではなくても良かったかもしれない。「ごめん。先生行けへんねん」と言った瞬間に泣き出してしまったのは，ただ「行けない」という言葉に反応しただけかもしれないし，私と一緒に行けないことが悲しくて泣いてしまったのではなく，思いどおりにならなかったことが嫌だっただけかもしれない。それでも私の一言でえむちゃんの気持ちが崩れてしまったことは確かで，本当に申し訳ないという気持ちでいっぱいになった。
　これまでの私は，えむちゃんが必要以上に泣いて抱っこを求めてくることに，うれしい反面，どのようにかかわればよいのかわからず戸惑いを感じていた。本当は面倒見がよくお世話好きで，無邪気に友だちと楽しそうに笑うえむちゃんの姿があることを知っていただけに，本来のえむちゃんで過ごしてほしいという気持ちばかりが強く，早く泣き止んでもらうことばかりを考えてしまっていた。初めの頃は，抱っこをしてもらうと落ち着くえむちゃんなので，そのときの気持ちや状況も考えずに求められる度に抱っこばかりしていた。そのことが影響して，この人なら抱っこしてもらえるとえむちゃんが思うようになってしまったのかとも考え，このままではよくないと思い，必要なとき以外は泣いて抱っこを求めてくるえむちゃんから逃げるようにして少し距離を置くこともあった。またときにはなぜ抱っこできないのかという話をしてわかってもらおうとしたこともあった。しかし，そんなことをしても空回りばかりで，結局どうすればよいかわからない状況が続いていたなかでの今回の出来事であった。
　「一緒に」と私の手を引っ張り「行こう」と誘ってくれたときのえむちゃんの本当の気持ちはわからないが，きっと後から着いて来ていない私に気がつき，大好きな楽しい散歩に一緒に行こうと迎えに来てくれたのだと思う。そこには"一緒に楽しいところで遊ぼう！"という気持ちが込められていたように感じた。そのときのえむちゃんの表情が，楽しみと期待で溢れていたからだ。それに対し私はそのせっかくのえむちゃんからの誘いを断ってしまうのだが，それがえむちゃんの気持ちを崩してしまうきっかけとなってしまった。そこから私はいつものように必死にえむちゃんを泣き止ませようとして，どうしようもなくなり戸惑ってしまう。普段なら，別の遊びに誘ってみたり，気を紛らわせようとしてみたり，何とか抱っこから降りられるようにしようとしていたが，今回はそうではなかった。
　とにかくえむちゃんの気持ちを裏切ってしまったような気がして，なんとかして

えむちゃんに自分の気持ちを伝えたいと思った。もしかすると全く別の理由で泣いていたのかもしれないが、それでもそのときは、全力で抱っこしていたかった。その気持ちが伝わったのか、いつもならしばらく泣き続けるえむちゃんも、今回はすぐに落ち着きを取り戻し始め、このとき初めて、不思議ともう降ろしても大丈夫だろうなという気持ちになった。しかし、それでも私のほうから降ろそうとしなかったのは、私がもっとえむちゃんとのこの時間を過ごしたいと思っていたからかもしれない。そのことにえむちゃん自身も十分に満足したのか、"もういいよ"とばかりに自分から離れてすっかり機嫌も取り戻していた。

　私にばかり泣くえむちゃんに戸惑いを感じていた頃、同じ部屋の3人の先輩の先生から「きっと川口先生のことが大好きなんですよ。先生の大好きという気持ちが伝わればえむちゃんも安心しますよ」というアドバイスをいただいていたのだが、それをなかなか私自身がつかめずにいた。しかし今回の出来事で、えむちゃんの私に対する気持ちを知ることができ、それをきっかけに私の気持ちも伝えられたように感じた。焦って泣き止ませようとするばかりで、納得して心からこの人となら安心していられる、大丈夫、と感じてもらえる部分が自分には欠けていたということを実感した。

　この出来事が起こってから、えむちゃんが泣くことに焦ることなく、気持ちが十分納得するまで一緒にいる時間を過ごすように心がけると、いつの間にか何も言わなくても本当に抱っこが必要なときと、今なら大丈夫という瞬間がわかるようになっていた。その度、えむちゃんと心がなんだか通い合っているような気がして本当にうれしく、私にとってそれがひとつ大きな自信となった。今回のこの出来事は、大人と子どもの〈すき—すき〉の関係、そのことの大切さに気づかせてくれた私にとっての大きな出来事であった。

(1) 〈すき—すき〉の関係が露わになった溶解体験

　「本来のえむちゃんで過ごしてほしいという気持ちばかりが強く、早く泣き止んでもらうことばかりを考えてしまっていた」と書いているとおり、川口さんもやはり周りの先輩がどのように言おうと、えむちゃんの"かわぐちせんせいだいすき"を素直に受け止めて、"せんせいもえむちゃんだいすき"と伝えられずにいたようです。でも、この日の出来事で川口さんはやっと、えむちゃ

んとの〈すき―すき〉の関係を確認できたと，考察の最後に書いています。
　「初めて泣かずに自分の気持ちを表現してくれた」えむちゃんだったのに，「えむちゃんの表情が，楽しみと期待で溢れていた」のに，えむちゃんのお誘いを断ってしまったことにいたたまれず，川口さんはえむちゃんを抱きしめました。「ぎゅーっと力いっぱい抱きしめていると」不思議なことにえむちゃんの力がすっと抜けたのがわかったと言います。さらに川口さんは，「まだ泣いているのだが，明らかに泣き方が変わったのもわかった」とも言います。
　おそらくこの場面をすぐそばで見ていたとしても，えむちゃんの力がすっと抜けたことはわからないでしょう。では抱きしめていれば誰でもそれがわかるかといえば，そうとも限りません。言葉にしなくてもただ抱きしめるだけで自分もえむちゃんのことがだいすきだということを伝えることができた川口さんでなければ，きっとわからないのではないでしょうか。それだけに，言葉ではなく体全体で感じとってわかるというのは，すごいことだと思うのです。すごいという言葉以外に適切な言葉が見つからないことが悔しいくらい，すごいと思うのです。さらに川口さんは，もうえむちゃんは抱っこから降りてもらってもだいじょうぶだと気づくのですが，「もっとえむちゃんを抱っこしていたいと思ったので，しばらくそのままの状態で時間を過ごした」と言いますから，川口さんは先輩たちの「きっと川口先生のことが大好きなんですよ。先生の大好きという気持ちが伝わればえむちゃんも安心しますよ」というアドバイスをこのときになってやっと受け入れることができたのだと思います。
　このとき，川口さんは保育者であることを忘れ，えむちゃんも園児であることを忘れていたのではないでしょうか。このときの2人は溶け合っていました。溶け合うことでお互いの気持ちを身に沁みて感じることができました。第1章でも少しふれたように，それは2人の間の境目がわからなくなることでわかる溶解体験だったのです。
　ところで，川口さんも出席していたある会議で溶解体験の話をしたことがあったのですが，翌日，川口さんから次のようなメールが届きました。

> 昨日の会議での園長先生のお話で，大人と子どもの関係を超えてまじわった状態が溶解体験というのがありましたが，エピソードでのえむちゃんと私はまさにそのような状況であったと思います。
>
> 　今まではえむちゃんと向き合っているつもりでいて，それと同時に周りのことや自分がしていることがえむちゃんにとって本当にいいのかというような多くのことを考えていたのですが，あの瞬間は本当にえむちゃんと私だけの時間を過ごしていたようでした。他の子がそのときどうしていたのかということを正直思い出せないほどにえむちゃんに夢中だったように思います。今まではえむちゃんを抱っこしていることに困ってしまうこともあったのですが，そのときはなぜかその時間が心地よく，もっともっとこの時間が続けばよいのにと感じていました。"抱っこしなければ"という想いが，"抱っこしていたい"に変化したのはそのときが初めてだったように思います。なぜ保育者は子どもを抱っこするのか……難しいです。
>
> 　安心してもらいたい，気持ちを落ち着かせてほしい，気持ちを受け止めてあげたい。かと思えば，あまりにもその子が可愛らしく愛おしくて思わず抱っこしてしまうときもあり……。
>
> 　なぜ抱っこするのか，抱っこをすることの意味……。
>
> 　それがわかっていれば抱っこをするということに葛藤することはなかったなとは思いますが，その葛藤そのものについてはおそらく"保育者の都合"がつきものだと思います。少なくともえむちゃんと私のなかでの葛藤については保育者としての勝手な都合がありました。仕事を無視して，すべてのことを無視してよいならば思う存分好きなだけ抱っこしたいと思うのですが……。よい保育者とは何か，もう一度普段の自分について考えてみたいと思います。

　川口さんのメールを読みながら，私はふと20年くらいまえに保育園を退職した母のことを思いだしました。椅子に腰掛けた母は，膝から太腿のあたりをさすりながら"膝が寂しい"と言うのです。長年保育園で働いた保育者には，幼い子を抱っこできないのが一番つらいようでした。川口さんもメールに「あま

りにもその子が可愛らしく愛おしくて思わず抱っこしてしまうときもあり」と書いています。それなのになぜ抱き続けることに逡巡し，葛藤したのか。その理由を川口さんは，保育者の都合と戸惑いだったと言います。

（2） 保育者の都合とは何か —— 役割分担と保育者の配置基準

　川口さんがメールに書いた保育者の都合とは，複数の保育者が役割を分担していたことを指しているのだと思います。川口さんのクラスにいる4名の保育者にはそれぞれ，リーダー，サブリーダー，アシスタント（2名）の役割が週替わりで振られており，仕事の内容もあらかじめ決められています。エピソードのこの日であれば，川口さんがリーダーとなり，午前中の主活動は描画でした。サブリーダーとアシスタントが散歩に行きたい子どもたちと出かけ，もう1人のアシスタントは，描画の準備や後片付けを手伝ったり，描画を待つ子どもたちと庭やテラスで遊んだりして，給食までの時間がうまく進むようにします。言い訳がましいのですが，アカンパニではこのように役割分担がされているとはいえ，臨機応変に役割を交代します。この日も，とうとう泣いてしまったえむちゃんを川口さんが抱っこする間，アシスタントが描画を担当したはずです。それなのに，どうしてか川口さんはこの日までえむちゃんの気持ちにまっすぐ向き合うことができませんでした。「"抱っこしなければ"という想いが，"抱っこしていたい"に変化したのはそのときが初めてだったように思います」とメールに書いたことからも，それがわかります。複数で担任することで，できるだけ子どもの気持ちや思いを尊重して，一斉活動にならないようにするための役割分担です。1人の子どもにかかりきりになりたいときは，1人が2人分の役割を引き受けて1対1の対応を優先するようにはなっているのですが，やはりそこに先輩への遠慮があったのでしょうか。役割分担を優先して子どもの気持ちが後まわしにされたのでは，本末転倒です。あらかじめ役割を決めておくのは，誰かが子どもと1対1の関係に入ったときに，その人の仕事を他の人が引き受けて，子どもとの2人だけの時間を保障するためなのです。

　それはともかく，はやり保育園は人手が不足しているのだと思います。アカ

ンパニは1歳児9人に2人の保育者が配置されていますから恵まれたほうだと思いますが,それでも手が足りないことが1日に何度もあるようです。配置基準のせいにばかりするのはいけませんが,3歳児の配置基準の改善に続いて,1歳児の見直しも検討してもらわなければなりません。4・5歳児に至っては制度ができて以来,一度たりとも改善されたことがないというのですから,欧米と比較するまでもなくそれは急務です。子育て支援や保育要録の作成,自己評価など,保育所保育指針が改定される度に仕事の量は増えているのに配置基準が見直されないのはどうしたわけなのでしょうか。

(3) 保育者の戸惑いはどこからくるのか——誤った保育の常識を問う

川口さんは,保育者の都合が邪魔をして思う存分抱っこできなかったとメールに書いています。仕事も何も無視してよいのなら,いくらでも抱っこしていたいと言います。でも,「"抱っこしなければ"という想いが,"抱っこしていたい"に変化した」のは,はたしてそれだけだったのでしょうか。

川口さんがえむちゃんのことをぎゅーっと抱っこしたとき,川口さんは,「さっきは断ってしまったけれど,本当はうれしかったこと,えむちゃんが大好きで,一緒に散歩に行きたかったということをとにかく一番に伝えたかった」と書いています。そういう思いでぎゅーっと抱っこしたからこそ,「すっとえむちゃんの力が抜け,まだ泣いているのだが,明らかに泣き方が変わった」ことを,川口さんは感じ取れたのではないでしょうか。抱っこの時間の長さではなく,どういう思いで抱っこするかが重要だったのだと思うのです。2人が感性的コミュニケーションによってお互いに大好きであることを確認し合えたことが,何よりもこのエピソードが読み手の胸を打つところだと思うのです。

ところで,川口さんがこの日まで"私もえむちゃんのこと大好きだよ"を伝える抱っこができなかったのは保育者の都合ばかりではなかったようです。

〈考察〉に川口さんは,「これまでの私は,えむちゃんが必要以上に泣いて抱っこを求めてくることに,うれしい反面,どのようにかかわればよいのかわか

らず戸惑いを感じていた」と書いています。戸惑いを感じ，どのようにかかわればいいのかわからなくなっていたのは，えむちゃんが必要以上に泣いて抱っこを求めるからだと川口さんは思っていたようです。では，川口さんが必要以上だと思ったその根拠はどこにあったのでしょうか。それはおそらく，「自己主張も度を越すとわがままになる。何でも子どものいいなりになっていると子どものわがままを助長することになる」という「保育の常識」に照らして川口さんは戸惑っていたのではないでしょうか。確かに，子どもはわがままです。調子に乗っていくらでも欲望を増長させることがあります。でも，えむちゃんが泣いて求める抱っこは，そのような「保育の常識」で対処してはいけなかったのではないでしょうか。「保育の常識」というなら，「1人の子にかかりきりになるのは，えこひいきだ。どの子にも平等にかかわらなければならない。全体のことも見ないと事故につながる」というのもあります。川口さんは，このような「保育の常識」にも囚われていたのかもしれません。いずれにしても，保育者からのかかわり方が先に規定されてしまうと，一人ひとりの子どもから聞いて教わることが難しくなります。このような「保育の常識」を物差しにして子どもを測ると，目に見える情報だけで子どもを"しる"ことになり，子どもの気持ちや思いを"わかる"ことが難しくなります。

（4） 感性的子ども理解＝"わかる"によって得られた"しっくり抱っこ"

　小林さんは，"ためしからの抱っこ"と"信頼・安心の抱っこ"を，桑原さんは，"マニュアル抱っこ"と"愛情抱っこ"，そして川口さんは，そのようなネーミングはしませんでしたが，"抱っこしなければ"から"抱っこしていたい"へ思いが変化したのだと，メールに書いてくれました。私は3人の表現を"ぎこちない抱っこ"と"しっくり抱っこ"に整理して，"わかる"という感性的子ども理解について，もうしばらく考えてみたいと思います。

　保育者が抱っこにぎこちなさを感じていると，抱かれる子どももぎこちなさを感じてしまいます。それがしっくり抱っこになると互いの思いが通じ合って，〈すき―すき〉の関係が確認されます。ではなぜ，ぎこちない抱っこになって

しまうのか，それは川口さんが気づいたように"保育者の都合"が優先される場合と，誤った「保育の常識」に保育者が戸惑う場合でした。

　抱っこばかりでいいのだろうか，この子ばかり抱っこしていて大丈夫なのかという思いに2人が苛まれるのは，わがままを増長させてはいけない，子どもは平等に扱わなければならないという思い込みからでした。そうした思い込みをひとまず横に置いて，"甘えてくれるの？　そう，ありがとう。せんせいもだいすきだよ"の思いに正直になれば，それを言葉にして伝えなくても〈抱っこする—される〉を通して子どもに伝わり，子どもは安心し，愛情を感じ，満足すれば自分から抱っこを降りようとします。

　誤った「保育の常識」に囚われている間は，なぜぎこちない抱っこになってしまうのか，その理由を"しろう"とします。理性的に子どものことを理解しようとしてしまいます。子どものことを"しろう"と，子どもの情報をいくら集めても，子どもと気持ちが通じ合うことはありません。ところが，自分の気持ちに正直になり，誤った「保育の常識」から解放されると，そこに感性的コミュニケーションが生まれ，"わかる"という感性的理解に至ることができます。言うまでもありませんが，それは子どももです。

　気持ちや思いは目には見えませんし，手にとって形を確かめることもできません。でも，「情が移る」，「情を知る」など，古めかしいかもしれませんが，日本語には二者間の気持ちや思いを表現する言葉が少なくありません。ところが，それが保育の世界では主観的であるとして遠ざけられてきました。子どもを対象化して理性的に理解することばかりを求める研究態度が，現場をミスリードしたのではないでしょうか。子どもの能力発達にばかり目が向き，有能性を高めることばかりが保育の目的のようになってしまいました。

　川口さんがえむちゃんと溶け合ったような体験は，心の奥深くを揺り動かし，生きる喜びを実感させます。子どもの心を育むためには，生きる意欲がもたらされるような体験，生きる喜びが湧きあがるような体験が必要なのではないかと思います。とはいっても，我を忘れて没頭し我に返る溶解体験によって，人が何かを"わかる"，それにより人が変わるというようなことは，そう易々と

起きるわけではないでしょう。それだけに，もしも溶解体験につながるような機会が訪れたときには，保育者としての冷静さを少しは忘れてもいいのではないかと思います。

第3節　子どもが気持ちを伝えてくれる瞬間を見逃さない

　ここまで，抱っこにまつわる2つのエピソードから，"わかる"という感性的子ども理解の重要性について考えてきました。保育者も子どもも互いに大好きなのに，子どもの気持ちの伝え方が不器用だったために，保育者はなぜこの子は必要以上に抱っこを求めるのだろうと悩んでしまい，〈すき—すき〉の関係がなかなかつかめないでいましたが，次に取りあげるエピソードも，抱っこは出てこないのですが，保育者が子どもとの〈すき—すき〉の関係を確認できたエピソードです。記述した河本さんも，このとき保育者として働き始めてまだ2年目でした。

エピソード　一緒に遊ぼうね

2013年5月26日
河本菜摘

〈背景〉
　年中組のなっちゃん（4歳6か月）は理解力もよく，ハキハキとした性格でクラスのなかでも遊びの中心になることが多い子であるが，その一方で，自己主張が強く，自分の思いを通したいあまりにわがままが多かったり，泣いて訴えたりすることもある。
　なっちゃんとは3歳のときに担任で1年間かかわってきた。その頃から朝の受け入れで泣くことが多く，母親もそのことに悩んでいて，家でもわがままが多かったりすると，話を聞くことがあった。送り迎えもすべて母親が行っていて，仕事も忙しいのか，お迎えが遅くなることが毎日のように続く時期もあった。年中組になった今でも，母親に抱っこされて泣いて登園する。早く仕事に向かわないと，という母親の気持ちも伝わってきて，「今日は泣かないって約束したよね」と2人で話し

ている姿も見られる。

　年中組は2人担任で，朝は泣いて登園してきた子とじっくりかかわれるよう，少し気分転換にお部屋を離れて1対1になる時間を設けることができる。そのような体制をとっているが，なっちゃんは私以外の先生だとすぐに泣き止み，笑顔でお部屋に戻ってくることが多いが，私が対応するとずっとぐずぐずしていることが多い。私の対応は他の先生と何が違うんだろう，何が駄目なんだろう，と悩み，なっちゃんのことをもっと理解しないと……と思いながらも，実際にそのときに直面すると，"なんで？"と気持ちが感情的になってしまう自分がいた。そんな自分のなかでの葛藤が毎日続いていたときの出来事である。

〈エピソード〉
　クラスを半分に分けて行っていた前の活動が終わり，私は半分の子どもたちと一緒にお部屋に戻り，お集まりをする。お集まりでは，子どもたちが大好きな絵本を読む約束をしていて，みんな楽しみに椅子に座る姿が見られる。すると，ひとり椅子に座らずドアの所でジッとこちらを見ている子がいる。前の活動で走っていたときに転んでしまい，そこから調子をくずしてしまったなっちゃんである。転んだときにすぐに声をかけそばについていたが，お部屋に入り，私が絵本を読む準備をしていたときに離れてしまった。「なっちゃん，みんなで絵本見よう？」と声をかけるが，だんだんと目つきは鋭くなり，睨んでこちらを見ている。「いや！」と一言なっちゃんが言った。私は，"あ……，いつもみたいに調子くずれちゃったな"と思い，そっと「そっかぁ……。この絵本，みんなと読む約束してたから読んであげたいんやけど……。見たくなったら，おいでね」と声をかける。すると，「いや！読まない！　やだやだやだ！」と大声で叫び，泣き出してしまう。みんなは黙って見ていたが，泣き出したなっちゃんを見て「あ～，泣いちゃった……」「絵本みたいよ～」とざわつき始めた。約束していた絵本を早く読んであげたい気持ちと，なっちゃんの気持ちを落ち着かせたい気持ちとで，私は焦り始めた。「早く読んでよ～」という子どもたちの声に，「そうやね，約束してたもんね」と返すと，それを聞いたなっちゃんが大声で泣き，「みたくない！」と叫ぶ。近づいて抱っこしようとするが，「やだやだ！　河本先生きらい！」と言う。「そんなん言われたら先生とっても悲しいな。なっちゃん落ち着くまで待ってるね」といったん離れようとすると，「やだやだやだ！」といって床に転がり，机や椅子を蹴りだす。気づけば，周りの子どもたちもシーンとしていて，私たちのやりとりを見ていた。

いつもはもう一人先生がいて，なっちゃんにとことんつき合う時間もできるが，今は私一人しかいない。これからも，こうした状況があるかもしれないが，その度にみんなを待たせてじっくり向き合うことは難しい。今までたくさん向き合って気持ちを受け入れてきたが，なっちゃんに伝わっていればわかってくれるだろうか。そう思った私はこれ以上，ほかの子どもたちを待たすわけにもいかず，なっちゃんのそばから離れ，絵本を読み始めた。泣き声や机を蹴る音も聞こえるが，私に来てほしいからそうしているのだろうか，と思ったが，ここで折れてしまったら，先ほど離れた意味がなくなってしまうと思い，もう少し時間を置こうと決心した。絵本が進んでいくごとに，泣き声は小さくなっていく。最後のほうにはなっちゃんは泣き止み，絵本を見ていた。"あぁ，よかった"と安心し，絵本が終わったとたん，またなっちゃんはぐずり始めた。そばに行くが，「やだ，おかあさんがいい」と泣いている。

　そんなときもう一つのグループの活動が終わり，担任の先生が困り果てた私を見て，すぐに状況を察知してなっちゃんを連れてお部屋に戻った。私はその後残った子どもたちと一緒に食事の部屋の準備に入った。"なんでなっちゃんは私のときだけこんなに泣くのだろう，どうして伝わらないんだろう"。そんなことを思いながら，お部屋に戻るとなっちゃんは笑顔に戻っていて，お散歩にいく準備をしていた。私の顔を見たら泣いてしまうのではないかと思い，正直目を合わせることが怖かった。すると，なっちゃんはうつむきながら小さな声で私に向かって一言，「公園で，一緒に遊んでね」と言った。どんな気持ちでこの言葉を言ったのだろう。さっきのことを忘れていないのは，自然と伝わってきた。しっかりと私と向き合ってくれたなっちゃんを怖いと思った自分が恥ずかしくなった。もちろん，「いっぱい遊ぼうね」と返すと，なっちゃんはにっこり私を見て笑った。

〈考察〉
　なっちゃんのことを受け止めたい，と思う気持ちと，みんなとのかかわりを大切にしたい，と両方の気持ちが私のなかでいっぱいいっぱいになっていることを痛感した出来事だった。信頼関係ができていないからだろうか，私がなっちゃんの気持ちを受け止めていると思っていたのは勘違いだったのか，どうして伝わらないのだろうか。このたくさんの困った，という感情がきっと伝わっていたのだと思う。なっちゃんのなかにある，どうしようもない満たされない気持ちや，かまってほしい気持ちが受け止められなかったことに反省した。最後に一緒に遊んでね，という言

葉を聞き，なっちゃんはただゆっくりかかわってほしかったのではないかと思った。
　このことを機会になっちゃんとの関係が変化した，ということはなく，変わらずやりとりは続いている。ひとつ変わったことがあるといえば，遅番に入る前になっちゃんが私のところに寄ってきて，ぎゅっと抱きついて一言，「明日もたくさん遊んでくれる？」と聞くようになったことだ。不安なのだろうか，少しぎこちない笑顔で言うなっちゃんに私は精一杯「もちろんだよ。明日もたくさん遊ぼうね」と声をかける。するとほっとした顔になり，「じゃあバイバイ！」と笑顔でさよならをする。今はこのことだけの変化だとしても，この少しの変化を大切にしていきたいと思う。なっちゃんのことを思っているよ，大好きだよ，と伝わるようなかかわりを，この少しの時間だけでも感じてもらえたら，と思う。
　このエピソードを書くことで，日々の保育を振り返ることができたと同時に，反省や不安がどっと押し寄せてきた。なっちゃんとのかかわりをマイナスに捉えていた自分を見つめなおす機会にもなった。そして，心の余裕をなくしてしまったことが，なっちゃんとの関係が進展しない理由だったのかもしれないと感じた。大人の気持ちに敏感な子どもに余裕がない状態でかかわっていたのだから，こちらに心を開いてくれないのは当然のことだったと思う。子どもにとって，受け止められていると実感できるような心の大きさを，もち続けて保育をしていきたいと強く感じた。

（１）"すき"を"きらい"と表現するなっちゃんの気持ち

　エピソード「一緒にあそぼうね」は，20回を数えた勉強会の初回に提出されました。一読して私は，いい場面を取りあげているなあと思ったことを覚えています。〈考察〉の最後の段落に，「このエピソードを書くことで，日々の保育を振り返ることができたと同時に，反省や不安がどっと押し寄せてきた」と書かれていますが，このように自身の保育を振り返ることこそ，保育の場のエピソード記述です。続けて，「なっちゃんとのかかわりをマイナスに捉えていた自分を見つめなおす機会にもなった」とも書かれていて，「大人の気持ちに敏感な子どもに余裕がない状態でかかわっていたのだから，こちらに心を開いてくれないのは当然のことだった」と河本さんは思われたのでした。泣いてしまったなっちゃんか，絵本を読んでもらうのを待っているみんなか，どちらを優

先するのかという待った無しのギリギリの場面ですから，本当に難しい選択でした。保育者であれば，おそらくは誰もが日常的に迫られる二者択一ではないでしょうか。けれども誰も万能の解決方法などもちあわせてはいないでしょう。

　河本さんは悩んだ末にみんなを優先しましたからなっちゃんがかわいそうにも思えるのですが，河本さんが本気で困り，時間のない状況でも懸命に考えたことは，河本さんのことが大好きななっちゃんには，何か伝わるものがあったように思えます。2年ぶりに読み返して，私もやっとそこに気づくことができました。それは後述しますが，まずは小林さんや川口さんのエピソード記述との類似点をあげてみます。

　なっちゃんは，河本先生に負の表現で甘えるのですが，それは小林さんのしゅうくんも，川口さんのえむちゃんも同じでした。河本さんは，「"なんでなっちゃんは私のときだけこんなに泣くのだろう，どうして伝わらないんだろう"」と，考え込んでしまいます。「私の対応は他の先生と何が違うんだろう，何が駄目なんだろう，と悩み，なっちゃんのことをもっと理解しないと」と自分を責めます。このあたりも先の2人とよく似ています。

　「やだやだ！　河本先生きらい！」と，なっちゃんが大泣きする場面は，「約束していた絵本を早く読んであげたい気持ちと，なっちゃんの気持ちを落ち着かせたい気持ちとで」，河本さんが焦り始めたときのことでした。自分を取るかみんなを取るか，なっちゃんが試しているのだと捉えることもできるかもしれませんが，なっちゃんが自分でも気づいていないなっちゃんの本当の気持ちが，"せんせいのこと，ただだいすきなだけなんだよ"だとしたらどうでしょう。あるいは，河本さんが絵本を読み終わり，なっちゃんのそばに行ったときも，「やだ，おかあさんがいい」となっちゃんは泣くのですが，実はなっちゃんは，河本さんがみんなのために絵本を読み進める間に泣き声も小さくなり，ついには泣き止んでいたのです。絵本も終わったのですから，やっと大好きな河本さんに甘えられるときが来たはずなのです。それなのになっちゃんは泣くのですが，私には，「やだ，おかあさんがいい」も，先の「やだやだ！　河本先生きらい！」も，「かわもとせんせい，だいすき」に聞こえます。河本さん

のことを試そうとしているのではないように思えるのです。それは、〈エピソード〉の最後に書かれたなっちゃんの一言、「公園で、一緒に遊んでね」や、〈考察〉に書かれたなっちゃんの言葉、「じゃあバイバイ！」からわかると思うのです。

（2）"しる"と"わかる"を再考する

　散歩に出かける準備をするなっちゃんが河本さんに、「うつむきながら小さな声で『公園で、一緒に遊んでね』」と自分の気持ちを伝えました。なっちゃんはどうして、「うつむきながら小さな声」だったのでしょう。絵本のときに泣いて河本さんを困らせたからでしょうか。確かに河本さんも、「さっきのことを忘れていないのは、自然と伝わってきた」と書いていますから、それもあったでしょう。でもそれだけではないようなのです。なぜなら河本さんは、「うつむきながら小さな声で『公園で、一緒に遊んでね』」と自分の気持ちを伝えるなっちゃんに対して、「しっかりと私と向き合ってくれたなっちゃんを怖いと思った自分が恥ずかしくなった」と書いているからです。うつむきながら、それも小さな声で話すなっちゃんが、どうしてしっかりと私と向き合ってくれたように河本さんには思えたのでしょう。

　しっかりと私と向き合うなっちゃんは、おそらくそれまであまり出会うことのできなかったなっちゃんだったのでしょう。しかも、うつむきながら小声で言うからこそ、河本さんにはなっちゃんがいい加減な気持ちで言っているのではないと思えたのでしょう。ではどうしてなっちゃんが河本さんにしっかり向き合おうとしたのか、しっかり向き合うことがなぜ、公園で一緒に遊ぶことだったのでしょうか。

　先にも少し触れましたが、朝の集まりの前の活動で転んでしまい、調子を崩してしまっていたとはいえ、絵本の場面でのなっちゃんの河本さんに対する態度は、なかなかのものでした。それなのに河本さんは、懸命になっちゃんの気持ちを立て直そうとしてくれました。それでもギリギリのところで絵本を待つ子どもたちを優先することになり、なっちゃんは机まで蹴飛ばすのですが、そ

れでも絵本を読み終えた河本さんはなっちゃんのところへ来てくれます。それなのになっちゃんは、「おかあさんがいい」と、河本さんを突き放しました。もう1人の先生によって気持ちを立て直すことができたなっちゃんは、自分の河本さんに対する態度のひどさに比べて、河本さんが自分に向けてくれるいつも変わらない心のこもった対応に、"かわもとせんせいは、本当は私のことを大切に思い、大事にしてくれているのかもしれない"と、ふと感じたのではないでしょうか。言葉で明確にわかったわけではないでしょうが、何か心にぐっとくるものがあったのだと思うのです。それが、うつむきかげんの小さな一言になり、「ねえ、せんせいごめんね。なかなおりしていっしょにあそんでほしいの」という真摯な気持ちを込めた「公園で、一緒に遊んでね」になったのではないでしょうか。河本さんにもそれが伝わり、「しっかりと私と向き合ってくれたなっちゃんを怖いと思った自分が恥ずかしくなった」のだと思うのです。小さな一言ではありますが、この一言はなっちゃんにとっても河本さんにとっても、2人が実はすでに〈すき―すき〉の関係になっていることに気づくことのできる大きなきっかけだったに違いありません。でもそれは実際にはまだまだ小さな変化だとしか、河本さんには思えていませんでした。その小さな変化について河本さんは、〈考察〉に次のように書いています。

> このことを機会になっちゃんとの関係が変化した、ということはなく、変わらずやりとりは続いている。ひとつ変わったことがあるといえば、遅番に入る前になっちゃんが私のところに寄ってきて、ぎゅっと抱きついて一言、「明日もたくさん遊んでくれる？」と聞くようになったことだ。不安なのだろうか、少しぎこちない笑顔でいうなっちゃんに私は精一杯「もちろんだよ。明日もたくさん遊ぼうね」と声をかける。するとほっとした顔になり、「じゃあバイバイ！」と笑顔でさよならをする。今はこのことだけの変化だとしても、この少しの変化を大切にしていきたいと思う。

もう帰るというときになってなっちゃんは、河本さんのところに寄ってきて、ぎゅっと抱きついて、「明日もたくさん遊んでくれる？」と尋ね、河本さんが「もちろんだよ。明日もたくさん遊ぼうね」と答えてくれると、「じゃあバイバイ！」と笑顔でさよならをするようになったと書かれていますが、このなっち

ゃんの最後の一言にある「じゃあ」が，私はとてもいいなあと思うのです。"明日も一緒にいっぱい遊んでくれることを確認できた，それはかわもとせんせいが私のこと大好きだということだ，それが確認できたから安心して帰れるよ，ありがとうせんせい"の気持ちが，この「じゃあ」に凝縮されているように思えて，なんともいいなあと思うのです。

　従来の保育記録の類は，目に見えたこと，客観的だと思えることだけを書くように養成校などでも指導され，実習先で書く実習ノートにも，そのように記入することが求められてきました。自分の気持ちや思いを書いたり，子どもの気持ちを推測して，たぶんこうだろうなどと書いてしまうと，「それはあなたの思い込みにすぎません，そのようなことがどの事実から客観的にわかるというのですか？」と指摘されてしまいました。ところがその一方で，保育の質は保育者の子ども理解に左右されるなどと教えられ，子どもの気持ちを理解しなさいと教えられてもきたのです。しかしながら，このように指導する人の考える子ども理解は，"しる"という理性的子ども理解の範疇に止まります。なぜなら，目に見えない子どもの気持ちや思いを推測して記録することを思い込みにすぎないと一蹴するからです。それでは，"わかる"という感性的子ども理解は成り立たないことになると，私は思うのです。

　なっちゃんのような子どもの姿に出会った場合，まだみんなと同じことができない，同じ行動をとることができない，保育者の言葉がけを素直に聞き入れることができない，自分の感情に任せて行動してしまうところがある，などと記録をとり，そのためにはどうすればいいのか，どのように見守ればいいのか，個別の指導計画を立てて，明日からの保育に臨むことを，多くの指導者や先輩保育者は教えてきたのではないでしょうか。それが正しい子ども理解に基づく正しい指導だと言わんばかりにです。でも子どもの言動を表面的に捉えていては，保育者の心によって子どもの心が育つ保育は望むべくもありません。

　河本さんはそうではありませんでした。確かに，なっちゃんは私のことが他の誰よりも大好きなんだ，これほどうれしいことはないなあ，保育者としてというよりも，1人の人としてうれしいことだなあ，と述べているわけではあり

ませんが，〈考察〉の最後に，「じゃあバイバイ！」と言うなっちゃんならではのさよならの挨拶を取りあげて，それが河本さんには，ささやかな変化にすぎないがうれしいのだということは，読み手に十分伝わります。このように，子どもの言動の背後にある目には見えないけれども確かにあると思える子どもの気持ちや思いを"わかる"ことが，明日も保育の場を子どもとともに生きるために大切な感性的子ども理解です。

（3） なっちゃんか，みんなか

河本さんは〈考察〉の冒頭に次のように書いています。

> なっちゃんのことを受け止めたい，と思う気持ちと，みんなとのかかわりを大切にしたい，と両方の気持ちが私のなかでいっぱいいっぱいになっていることを痛感した出来事だった。

みんなとのかかわりを大切にするとは，この場合，絵本を読むというみんなとの約束を守ることでした。いっぱいいっぱいになっていた河本さんは，結果としてなっちゃんに待ってもらったのですが，今までなっちゃんとは十分向き合い，なっちゃんの気持ちを受け止めてきたのだから，きっと私がなっちゃんのことを大切に思っていることは伝わっているはずだとの思いから，河本さんは絵本を待つみんなを優先しました。ところが，なっちゃんは泣きながら机を蹴飛ばしたりもしていました。それでも，「ここで折れてしまったら，先ほど離れた意味がなくなってしまうと思い」，絵本を読み終えました。そしてこのときのことをエピソードにまとめて考察するなかで河本さんは，伝わっていたのは私がなっちゃんのことを大切に思う気持ちではないことに気づきます。「信頼関係ができていないからだろうか，私がなっちゃんの気持ちを受け止めていると思っていたのは勘違いだったのか，どうして伝わらないのだろうか。このたくさんの困った，という感情，が伝わってしまっていたのだ」と考えます。そして，河本さんは，一緒に遊んでねと言うなっちゃんの切実な訴えを振り返り，「なっちゃんはただゆっくりかかわってほしかったのではないか」と

第2章 感性的子ども理解＝"わかる"がなぜ重要なのか

思うのでした。この，「ただゆっくりかかわってほしい」は，"ただ好きなだけなのに，ただ一緒にいたいだけなのに，一緒に同じ楽しいを楽しみたいだけなのに，どうしてせんせいはわかってくれないの？"という，なっちゃんの気持ちに他なりません。またそれは，小林さんと川口さんの抱っこにまつわるエピソードの子どもたちの気持ちに通底します。

　なっちゃんか，みんなかという二者択一を迫られる場面で，なっちゃんを優先することが大切だと考えるからこそ，河本さんの園では，4歳児を2名で担任しており，一人ひとりを大切にする保育を心がけておられます。それでも1人で対応することはこのエピソードの場面に限らず起こることでしょう。そのような場合，どうしてもみんなの方を優先しなければならないことはいくらでもあると思います。それでも私は，泣いている子どものことを優先したいと思います。これは万能の解決策などではありませんし，実際に必ずそうしなければならないと考えているわけでもありません。ただ，保育者の在りようを問うために，保育者が子どものそばにいることの意味を考えるために，あえてもちだす議論であることを前提に，以下を一緒に考えてみていただきたいのです。

　みんなで部屋に入り，河本さんがなっちゃんに絵本見ようと誘ってもなっちゃんが嫌だと泣き出したとき，周りの子どもたちは，最初は黙って見ていたのですが，「あ～，泣いちゃった……」，「絵本みたいよ～」とざわつき始め，さらになっちゃんの「やだやだやだ！」が激しくなると，周りのみんなは，シーンとして2人のやり取りを見ていたのでした。周りの子どもたちはどのような気持ちで見ていたのでしょう。なっちゃん，いいかげんにしたほうがいいよ，せんせい困っているよ，と思った子もいたことでしょう。なっちゃんの気持ちもわからないでもないなあ，私もこういうことがあったなあ，と思った子もいたかもしれません。いずれにしても子どもたちは，なっちゃんの姿に自分の姿を重ねてこのときの河本さんの対応を見るとしたら，それが子どもたちの"かわもとせんせいイメージ"に何らかの影響を与えずにはおかないでしょう。こうした視点からも，なっちゃんか，みんなかの二者択一を考えることは必要ではないでしょうか。どちらか一方が大事なのではなくて，両方大事だからこそ

起きる二者択一であることは重々承知の上で，私はやはり，みんなには申し訳ないけれど少し待ってもらって，なっちゃんにかかわってあげてもよかったのではないかと思うのです。でも，実際の現場はそう甘くはないでしょう。現場を預かる立場にない者が何を偉そうなことをと，自分でも思わなくはありません。それでも，どちらかしか選べないのであれば，まずは泣いてしまっている子どもを優先したいと思ってしまうのです。

（4）「じゃあバイバイ！」の儀式は，"わかる"の確認

　子ども理解の2つの側面である，理性的子ども理解＝"しる"と感性的子ども理解＝"わかる"の違いは，なかなか言い尽くせていないのですが，子どもを"わかる"ということは，子どもと楽しい時間を共有することだと私は思っています。そのような時間は園の1日に何度も訪れます。あるいは，子どもの悲しい気持ちを自分の気持ちにおいて一緒に悲しむことによっても，子どものことを"わかる"ことができるのではないかと思います。そして大切なことは，楽しいと感じたり，こっちまでもが悲しくなったりしたことが子どもに伝わることです。それがなければ，子どもはいつまでも保育者に自分の気持ちがわかってもらえたとは思えないからです。ですから，"わかる"という感性的子ども理解は，"わかる"の共有なのです。だからこそ，そこに保育者の心が子どもの心を育てる可能性が展望されるのではないでしょうか。

　河本さんは，「伝わる」という言葉を2度使っています。それはすでに引用したように，「今までたくさん向き合って気持ちを受け入れてきたが，なっちゃんに伝わっていればわかってくれるだろうか」と書かれたところと，「このたくさんの困った，という感情がきっと伝わっていたのだと思う」のところです。河本さんが伝えたかったことと，なっちゃんに伝わったと思ったことは，河本さんからすれば違ってしまっていました。"なっちゃんのこと大事に思っているよ"と伝えたかったのに，"なっちゃんのためにいろいろと困ってしまうよ"という感情が伝わってしまったのだと，河本さんは考察しています。ですが，河本さんはそのように自分に厳しくエピソードを考察したからこそ，な

っちゃんのかわいい帰り際の儀式を〈考察〉に取りあげることができたように思います。

　なっちゃんが「じゃあバイバイ！」を言うとき，なっちゃんは河本さんに近づき，ぎゅっと抱きつきます。なっちゃんはきっと，こうして抱きつくことで河本さんの自分への気持ちが言葉の情報による"しる"を超えて感性的に"わかる"のでしょう。〈考察〉には，このことを機会になっちゃんとの関係が変化したわけではないと書かれてはいますが，それでもこの小さな変化を河本さんは見逃しませんでした。毎日の「じゃあバイバイ！」の儀式は，なっちゃんなりの"わかる"を確認するための河本さんとの感性的コミュニケーションだったのではないでしょうか。

第3章
保育の場のエピソードを記述する，読み合う

第3章　保育の場のエピソードを記述する，読み合う

●●●●●●●●●●

　本章では，エピソード記述を読み進めながら，エピソード記述に向かう動機の重要性，リライトに際しての留意点，エピソード記述を同僚と読み合う意味について考えます。

第1節　保育者がエピソード記述に向かうとき

　園内研修としてエピソード記述に取り組みたいので話を聞かせてほしい，エピソード記述を資料とするカンファレンスにオブザーバーとして参加したいのだがなどと，アカンパニを訪問される保育関係者があります。ところが，その後園に戻っていざ取り組んでみると，保育者の負担が大きすぎる，カンファレンスが保育の批判の場になってしまう，相変わらず若い人が発言を控えるといったことになり，そうした悩みをどう解決すればいいのかと再び相談があったりします。そのようなとき，私はエピソード記述を学ぶことが目的化していないかと心配になります。そもそもエピソード記述は，子どもを"わかる"ためのもっとも有効な手立てであると考えてきた私たちには，エピソード記述がうまく書けることが園内研修の目的とされることに躊躇します。

　岩屋こども園アカンパニがエピソード記述に取り組むようになったのは，1999年度からでした。当初はエピソード記述という言葉も知らず，ただ事例をあげてコメントを付し，それを読み合っていただけだったのですが，鯨岡峻氏[*1]と出会ったおかげで，私たちなりにエピソード記述とそれを資料とするカンファレンスに取り組むようになりました。

　そしていつしか，アカンパニではエピソード記述を資料にカンファレンスを

[*1]　エピソード記述に取り組む際の必読書として，鯨岡峻氏の以下の著書をあげます。『保育の場で子どもの心をどのように育むのか――「接面」での心の動きをエピソードに綴る』ミネルヴァ書房，2015年，『なぜエピソード記述なのか――「接面」の心理学のために』東京大学出版会，2013年。鯨岡氏のエピソード記述に関する書籍は，ミネルヴァ書房からは他に3冊，東京大学出版会からは他に2冊出版されています。

もつことは保育者の在りようの根幹にかかわる重要な仕事だと思えるようになりました。アカンパニで働く保育者たちは異口同音に，「エピソード記述は大変だけど楽しい。楽しいだけではなくて保育のことをじっくり考えるためにも必要不可欠だ」と言います。エピソード記述の楽しさとその奥深さの一端にふれたことは，勉強会に参加されたみなさんもきっと同じだったのではないでしょうか。

　保育者をエピソード記述に向かわせるものは何なのでしょう。第1章に，それは保育者の感動だと書きましたが，ここでは3つのエピソードを取りあげて，それぞれの書き手がどうしてその出来事を取りあげたのか，記述に向かう動機は何であったのかを読みたいと思います。ただ，取りあげた3つのエピソードはいずれも，大事件が起きたわけではありません。どこの園でも日常的に起こりそうな出来事ではないかと思われます。手の空いたときにでも，「ねえ，聞いて。かわいかったのよ」などと言いながら同僚に伝えそうなことだと思うのですが，だからこそ私には紹介したいエピソードなのです。何気ない生活のなかの，ちょっとした子どもとのかかわり，そこで出会う子どものかわいい姿や健気な様子に，私たち保育者は癒やされ励まされているはずです。そのような子どもの言動に保育の意味を読みとることも，エピソード記述の醍醐味なのです。

（1）　エピソード「りんりん，プンした！」を読む

　かわいいタイトルです。りんりんとは，エピソードの主人公のりんちゃんが自分のことをこう呼ぶようです。プンとは，もちろん怒ることですから「私は怒った（怒っていた）！」と，りんちゃんが書き手の中田さんに言ったわけですが，中田さんにはこのひと言がエピソード記述の動機になったようです。

エピソード　りんりん，プンした！

2013年8月7日
中田杏奈

〈背景〉
　りんちゃん（2歳1か月）は，明るく表情も豊かな女の子だ。現在の4人の担任のなかで，私だけが0歳児クラスからのもち上がりである。言葉はまだはっきりとしないこともあるが，保育士の話を一つひとつよく理解している様子がうかがえ，その場に合った受け応えや行動ができ，またそのやり取りを楽しんでくれている。私たちの受け答えによっては機嫌を損ねてしまうこともあるので，言葉一つかけるにしても気を遣うが，りんちゃんのその感情表現がときには何とも豊かでかわいらしく，担任の間でもよく話題にあがる子である。

〈エピソード〉
　間食前の手洗いを待っている際，しょうちゃん（2歳3か月男児）が手持ち無沙汰に隣りのりんちゃんを体全体で押したために，りんちゃんが怒って泣いてしまった。その場面は傍にいた私しか見ていなかったので，しょうちゃんにお友だちを押してはいけないことを伝えると，しょうちゃんは"まずい"という表情をし，少し泣きながらも納得したように頷いてくれた。手洗いを済ませると2人とももう泣いていなかったので，気持ちを切り替えることができたように見えたので，私もその場を離れた。
　間食を終えた頃に，しょうちゃんは降園した。それから少しして終わりの会を始めようとすると，大きな泣き声が聞こえた。りんちゃんだった。傍にいた保育士が「自分でタオル片付けたかったの？」「袋，違う結び方が良かった？」「何が嫌だったの？」と，あれやこれやと尋ねてみるが，「いや。いや」と大泣きしながら拒否している。本当に激しく泣いており，りんちゃん自身何が原因かもわからなくなっているように見える。その場で友だちとトラブルになったわけでもない。りんちゃんはそのときの機嫌によって，このような状態が見られるのは珍しいことではなかった。そこで，私たちもわからないままに，その場は保育士が一人りんちゃんの傍に付きながら，終わりの会を始めてしまった。終わりの会の終了後，私は担当の掃除に向かうため，りんちゃんの様子に後ろ髪を引かれながらも，他の保育士に託し

部屋を出た。私が戻ってくると，りんちゃんは落ち着いていたが，普段とは明らかに違う無表情。遊ぶこともなく保育士の膝の上に座っていた。その保育士に様子を聞くと，「何を聞いても，いや！　ばかりだったし落ち着くまで待ってみたの。でもまだなーんか怒ってる感じがするよねえ……」と言う。そこで私がゆったりとした口調で「りーんちゃん」と声をかけると，少し表情が和らぎ「ん？」と聞き返してくれた。続けて「りんちゃん，怒ってたの？」と聞くと，神妙そうに頷くりんちゃん。「何か嫌なことあったんだねえ。どうしたの？」すると，「……しょうちゃん，ドーンってった！　りんりん，ブンした！」と言う。この一言で私はすぐにピンときた。あの手洗いのときのことだ。「そっか，しょうちゃん，りんちゃんのことドンって押したのに，りんちゃんにごめんねもしてなかったよね。それで，りんちゃん怒ってたんだね」と答えると，「うん！」と大きく頷く。それからは表情も打って変わって明るくなり，友だちとの遊びに入っていった。

〈考察〉
　りんちゃんが怒ったり泣いたりする瞬間は突然やってきて，その原因が何なのか，それがいつ起こったのか，わからないことが少なくない。担任それぞれが，ああだこうだと考えて応答してみるが，探り探りなことも多い。しかし，そんなやり取りを通してりんちゃんの思いの真相にたどり着けたときには，なるほど，そうだったのかと納得したり，ときには拍子抜けしたりと，りんちゃんにしかない感情の変化の過程や表現を知ることができて，りんちゃんの視点を新鮮に感じる。
　今回の出来事が起きたときは，私自身がその場を離れてしまうことが多かった。手洗いのトラブルの後，しょうちゃんが納得してくれたことや，りんちゃんは泣いていないということから，解決したつもりで場を離れたが，りんちゃんは泣いていなくとも本当はどんな表情をしていたのだろう。手洗いのトラブルから終わりの会まで，そのトラブルをずっと覚えていて泣くのを我慢していたのか，それとも一旦忘れて落ち着いていたものの，しょうちゃんが降園する姿を見て「まだ私のなかでは解決してないのに！」と思い出し，泣いたのか……。今となってはどれもはっきりとわからないことだが，何にせよ，りんちゃんのモヤモヤした思いを汲み取ることができずに，表面的な様子だけで解決しようとしてしまったことに後悔が残る。私自身が，りんちゃんの説明を聞いてすぐに手洗いのことだと思ったのは，やはりあのトラブルでの自分の対応が無意識に腑に落ちていなかったからなのだろう。りんちゃんにそんなつもりはないと思うが，しょうちゃんに向けられた「ブンし

た！」という言葉が，私にも突き刺さるように感じた。

　現在は複数担任なので，すぐに自分が対応できないときには傍にいる担任に任せているし，私だけでなくお互いにそうしていると思う。そういった場合は，後で日誌を書いたり，時間を見つけてはそのときの様子や変化を細かく伝え合ったりしている。しかし，今回は手洗いの一場面を他の担任に伝えることができずに，りんちゃんのモヤモヤを長引かせてしまった。保育士は常に同じ場面で同じ子を見ているわけではなく，自分しか見ていない瞬間が必ずあり，その一瞬に対する捉え方もさまざまだと思う。今回の一件は，ときとして大切な一瞬が流れてしまうこともあるのだなと実感した出来事だった。りんちゃんが，手洗いのトラブルを気にしないような子だったら，私の気づきは無かったかもしれない。今回のように後から「そうだったのか」と原因がわかっても，出来事が起きた瞬間の，子どもたちの「気づいてほしい，わかってほしい」という言いようのない思いが，一日のなかに他にもあるのだろうと思う。すべてを拾い汲み取ることは難しいが，この気づきを踏まえて，一つでも多く子どもたちの一瞬の様子を，大切なものとして気づき，担任間で伝え合い過ごしていこうと思った。

　りんちゃんが中田さんに，「そっか，しょうちゃん，りんちゃんのことドンって押したのに，りんちゃんにごめんねもしてなかったよね。それで，りんちゃん怒ってたんだね」と言ってもらって，自分がプンしたときのことをわかってもらえたことがわかると，「『うん！』と大きく頷く。それからは表情も打って変わって明るくなり，友だちとの遊びに入っていった」と〈エピソード〉が締めくくられているところが，私には印象的でした。

　子どもに限らず，人は自分が好きな人，自分が大切に思っている人，自分に良くしてくれる人に，自分のことをわかってほしいと思うのではないでしょうか。エピソードのりんちゃんが膝の上に乗せてもらっている人には伝えず中田さんには言えたのは，りんちゃんにとって中田さんが特別だからだと思うのです。膝の上にりんちゃんを抱いてくれていた保育士さんには申し訳ないのですが，私は園に1人は大好きな人がいて，その人も自分のことを大好きでいてくれることはとても大切なことだと思います。〈すき―すき〉の関係がなければ，子どもは保育の場を生活の場にすることはできないと思うのです。

次の一言にも目がとまりました。掃除から戻った中田さんは、「りんちゃんは落ち着いていたが、普段とは明らかに違う無表情」であることに気づきますが、その中田さんの様子に、「でもまだなーんか怒ってる感じがするよねえ……」と言ったのは、りんちゃんを膝の上に抱っこしていた保育者でした。終わりの会のときのように大泣きしているわけではありませんが、いつもと違う表情や遊ぼうとしない様子から、2人の保育者はりんちゃんがまだすっかり機嫌を直したわけではないことを感じ取っています。感性的コミュニケーションによって子どもの気分をわかり合い共有することは、情報の授受による理性的子ども理解とともに、いえ、もしかするとそれ以上に保育で大切なことかもしれません。それが、子どもの仕草や表情から子どもの気持ちの状態を察知して、気分転換を図る保育者の仕事とつながっていくのではないでしょうか。でもその動機が、保育者の都合で泣き止んでもらいたい、気分を変えてもらいたい、ではだめでしょう。そのような一方的な対応では、子どもは大切な人に自分のことをわかってもらえた安心感や喜びを感じることはないはずです。繰り返しになりますが、自分の気持ちがわかってもらえたことがわかってうれしいとき、子どもは不機嫌になったり泣いてしまったりしたことの原因が取り除かれなくても、自分で気持ちを立て直していきます。1日の子どもの様子を情報として保育者間で共有することは確かに大切ですが、エピソードの2人の保育者たちのように、暗黙の了解のうちに、感性的コミュニケーションによって子どもの気分を察知し、保育者間で共有することも保育者の大切な仕事だと思います。

（2）　エピソード「おかわりください！」を読む
　エピソードの主人公ゆきちゃんが発した「おかわりください！」の一言にも、ゆきちゃんのまゆちゃんを気遣う気持ちが込められていました。でも、そのことに書き手である池田さんはすぐに気づくことができませんでした。

エピソード　おかわりください！

2013年7月13日
池田瑞奈

〈背景〉
　ゆきちゃん（1歳11か月）は言葉がよく出てきており，自分の気持ちを伝えようと一生懸命に話す姿が見られる。また，友だちとのかかわりも好きで「○○ちゃんは？」と友だちの姿を探したり，「おいでー」と声をかけて一緒に遊ぼうと誘ったりと，積極的にかかわろうとする姿が見られる。しかし，最近は友だちとのかかわりが増えたぶん，トラブルになることも多くなってきているようだ。
　まゆちゃん（1歳8か月）はゆきちゃんと同じ時間帯に食事に入っており，一緒に給食を食べている。食事中に2人のなかで会話があるわけではないが，ゆきちゃんはまゆちゃんのことが気にかかるようで，食事に誘うと「まゆちゃんは？」と聞いてくることがよくある。

〈エピソード〉
　おなかがすいていたのか，大好きな献立だったことも関係してか，あっという間におかずを食べてしまったゆきちゃんは，おかずの皿をもって「魚，おかわりください！」と元気におかわりを伝えてくれた。「お魚ね！　わかったよ」と答え，魚のおかわりを皿に入れる。手に持っていたスプーンを置いて，他のものを食べることもせずに，うれしそうな表情で魚を皿に入れる様子をじーっと見ながら待っているゆきちゃんの姿を見て，よほど魚が気に入ったのだなと微笑ましく感じた。
　しかし，おかわりを入れても先ほど置いたスプーンをなかなかもとうとせず一向に食べようとしないので，"あれ？　せっかく入れたのに食べないのかな……。あんなに元気におかわりを伝えてくれたのにどうしたのかな？"と思っていると，ゆきちゃんが小さな声で「まゆちゃんは？」と聞いてきた。"まゆちゃんならずっとゆきちゃんの隣で給食を食べているけどなんだろう？"と思いながらも，「まゆちゃんもおいしいね～って食べてるよ。ゆきちゃんはお魚食べないの？　おなかいっぱいになった？」と聞くと，「たべる！……」と，答えるがやはりスプーンをもとうとしない。いつもだったら大好きな魚のおかわりを入れたらすぐに食べてしまい，あっという間になくなってまた「おかわりください！」と言っているのに今日はど

うしたのだろう……と不思議に思っていると，ゆきちゃんがまたぼそっと「まゆちゃんも……」とまゆちゃんのおかずの皿を指さして，次は意を決したように「魚おかわりください！」と力強く伝えてくれた。私はその言葉にびっくりしたと同時にとてもうれしくなり，「そっかぁ！　まゆちゃんのお魚もなくなってたの教えてくれたんやね！」と言うと，にっこりと笑って答えてくれた。その後，まゆちゃんに「お魚おかわりする？」と聞くとコクリと頷いたので魚を入れると，ゆきちゃんがとってもうれしそうにその様子を見ており，まゆちゃんの皿にもおかわりが入ったことを確認すると満足したように大好きな魚を食べ始めた。

　ゆきちゃんの笑顔を見てやっと気持ちに気づくことができたのだとすっきりしたとともに，ゆきちゃんのこの優しさにどうしてすぐに気づけなかったのだろう……身近にいた私が1番に気づいてあげないといけなかったのに……と申し訳ない気持ちでいっぱいになった。

〈考察〉
　最近は友だちとのトラブルが続いていたことでゆきちゃんに対して気をつけないとというマイナスのイメージばかりをもって接してしまっている自分がいたことで，「まゆちゃんは？」と言うゆきちゃんの何気ない問いかけに対して"まゆちゃんのおかわりは？"という意味が含まれていることにまったく気づけなかったのだと思う。

　大好きな魚のおかわりをすぐに食べずに我慢してまで，"まゆちゃんにも！"と言うゆきちゃんの友だち思いの優しい姿に感動したが，反対にそんな優しいゆきちゃんの素敵な面に気づけずにいた自分を恥ずかしく感じた。

　一生懸命に友だちのぶんのおかわりを伝えようとしているのに，なかなか理解してもらえずにゆきちゃんも伝える自信がなくなって小さな声になっていってしまったのかなと思う。また，最後に「魚おかわりください！」と伝えるときにも，ゆきちゃんにとってすごく勇気がいるものだったと思うし，伝わったときはすごくうれしくてほっとしたのではないかと思う。

　"トラブルが多い子"と身近にいる保育者が見てしまうと，周りの保育者や子どもも自然とそのような見方をしてしまい，マイナスイメージばかりが強くなることで，その子の良いところや優しい場面が見過ごされてしまうのだなとこのエピソードを通して改めて感じ，反省しなければならない点だと思った。

子どもの気持ちをすぐにわかってあげることができなくて申し訳ない気持ちになったことがエピソード記述に向かう動機になった点で，池田さんの「おかわりください」と中田さんの「りんりん，プンした！」の2つのエピソードはよく似ているように思います。幼い子どものかわいさもまた，共通しているように思いました。

　「"トラブルが多い子"と身近にいる保育者が見てしまう」あるいは，「マイナスイメージばかりが強くなることで，その子の良いところや優しい場面が見過ごされてしまう」という池田さんのふり返りは重要ですが，一方で，まだまだ言葉で自分の気持ちを伝えきれずに乱暴な伝え方で伝えようとする子どもたちを，理性的に理解しておくことも重要な保育者の姿勢でしょう。そのうえで，保育者が一人ひとりの子どもに用意している不文の指導案に書かれた子どもイメージ，ここでは池田さんが抱くゆきちゃんイメージが更新されることの意味を考えておきたいと思います。

　池田さんは〈背景〉に，「友だちとのかかわりが増えたぶん，トラブルになることも多くなってきているようだ」と書いていて，言葉が増えたこと，自分の気持ちを友だちに伝えようとするようになったことを歓迎する一方で，トラブルの増加も気にかけています。これは子どものある成長がもたらすプラスイメージとマイナスイメージです。ですから保育者は，プラスイメージがさらに膨らむように願い，マイナスイメージがしぼんでくれるように願って子どもと日々を過ごします。その生活に，不文の指導案に書かれたゆきちゃんイメージが喚起されるような出来事が起こり，保育者はそれに触発されて，子どもへの対応を決めるのではないかというのが，私の言いたい不文の指導案の働きです。そこで重要なのは，プラスであれマイナスであれ，そのイメージが更新されるような出来事を保育者が見逃さないことなのですが，それは理性的コミュニケーションよりも感性的コミュニケーションによって理解されることのほうが多いように思います。池田さんは〈エピソード〉の終わりに，「ゆきちゃんのこの優しさにどうしてすぐに気づけなかったのだろう……身近にいた私が1番に気づいてあげないといけなかったのに……と申し訳ない気持ちでいっぱいにな

った」と書いていますが，この気持ちこそ，感性的子ども理解です。申し訳ない気持ちでいっぱいになったからこそ記述して考えてみようと思い，池田さんは〈考察〉の冒頭に次のように書きました。

　　　最近は友だちとのトラブルが続いていたことでゆきちゃんに対して気をつけないとというマイナスのイメージばかりをもって接してしまっている自分がいたことで，「まゆちゃんは？」と言うゆきちゃんの何気ない問いかけに対して"まゆちゃんのおかわりは？"という意味が含まれていることにまったく気づけなかったのだと思う。

　なぜ私は気づけなかったのかという問いが立ったときにはもう，マイナスイメージが先行してしまっていたからだという答えも，池田さんは見つけていたのではないでしょうか。
　言葉や周りの子どもたちへのかかわりの欲求が増えたことによってゆきちゃんに見られた二面性が，プラスのイメージとマイナスのイメージとして池田さんに印象づけられ，それが不文の指導案となり池田さんの懐にしまわれていましたが，その2つのイメージは，まるで1枚の布からできたリバーシブルコートのようです。一方が表であればもう一方は裏になります。それをときに裏返して楽しめることがリバーシブルコートのおしゃれなところですが，両方を表にすることはできません。ですから，不文の指導案に描かれた子どもイメージは，プラスが表になったときには裏のマイナスのことも思い，マイナスが表に出ているときには裏のプラスを補うことが必要になります。2つのイメージは別々にあるのではなく，1人の子どもの2つの側面としてあるのです。リバーシブルコートが表地と裏地を引き離せないように，1人の子どもに抱くプラスイメージとマイナスイメージもまた，一枚の布になっているのだと思うことが不文の指導案には肝心なのかもしれません。

（3）　エピソード「まほうのハンカチ」を読む
　保育者がエピソード記述に向かう動機を3つのエピソードから読みとることが本節の役割ですが，最後のエピソード「まほうのハンカチ」もまた，子ども

第3章　保育の場のエピソードを記述する，読み合う

の思わぬ言動が与えた喜びが中山さんの動機になったことが手に取るようにわかると思います。

エピソード　まほうのハンカチ

2013年6月3日

中山　妙

〈背景〉

　4歳児クラスのすーくん（5歳0か月）は，現在は私が担任していないが，2歳児，3歳児の2年間を一緒に過ごした。

　すーくんには5つ上の双子の姉がいる。その影響か，ヘアゴムをもってきて「かみむすんで」と言ったり，ピンクのかわいい物をもってきたりすることもあった。それを友だちや保育士が「みせてー」「かしてー」と言っても，「いやー！　すーの！」と言って誰にも見せようとも貸そうともしなかったことを今でも覚えている。

　昨年度の冬の時点では，すーくんは少し会話のやりとりが成り立たないところがあり，たとえば，「何を食べてきたの？」という保育士の質問に対して，「ママとあいちゃん（姉）」など質問と食い違うことを答えていたりしたこともあった。

〈エピソード〉

　遅番のとき，園庭で遊んでいる際に，うれしそうな顔をしたすーくんが「せんせい，みてー！」とピンクのハンカチをもって私のところにやってきた。"年中になってもピンク好きなところは変わらないなー"と思い「かわいいね。けどカバンに入れておいてね」と言いながら，よく見ると去年ハンカチ落としで使っていた私のハンカチ？

　「あれ！？　それって先生のハンカチ？」と聞くと「うん。もらっとった」と答えた。それを聞いて私は，あげたわけはないけれどうれしそうにしているすーくんとの会話にもう少しつき合ってみたくなった。

　「あれ？　先生あげたっけ？」という問いかけに，すーくんはニヤーっとした。「あげてないよね？」と聞くとすーくんは「うん」と答えた。"もらった"と言ってみたり"もらってない"と言ってみたり，よくわからない返事をするのがすーくんらしいなと思いながらも，「返してくれる？」と聞いてみた。いつもなら「すーの！」と言って返してくれないのに，今回は，なんのためらいもなしに「いいよ

ー」と返してくれた。すんなり返してくれたことに"あれ?"と思いながら受け取った。

　すると，すーくんが昨年度の表現会で演じた『そらまめくんとめだかのこ』の劇のことを話し始めた。「せんせー，そらまめくんのとき，すー泣いとったやろ?」「あーそうだったね。すーくん恥ずかしいから出たくないって言ってたね」と答えたが，"なぜ今その話をしたのかな?"と思いながらもそのときのことを思い出して笑ってしまった。すると，すーくんも照れくさそうに笑いながら「そんとき，せんせい，これ（ハンカチ）くれたがいねー」と言ってきた。"えー?　そのとき?　貸したかなー?"と考えていると，「すーが泣いとったからポケットに"まほうのハンカチ"やよって，いれたがいねー」とうれしそうに話すすーくんの顔を見て，「あぁ～!　そうやったね!」とそのときの映像が蘇ってきた。あのすーくんがこのことを覚えていてくれたことにとてもうれしくなり，鳥肌が立った。

　昨年度の表現会のとき，待機している部屋で，すーくんが恥ずかしいから出たくないと泣き，私は，どうしよう，もうすぐ本番だ。すーくんのセリフはどうしようと，内心焦っていた。すーくんになんとかして表現会に出てほしいという気持ちで「終わったらお母さんのところに行こうね!」「今日終わったらマック行くんでしょう?　いいなー」などと言ってみたが，泣き止まず「出ないの!」の一点張り。

　"そうだ!　すーくんの好きなピンクの物でなんとか……"と思い，辺りを探すとハンカチ落としで使っていた私のハンカチがそこにあった。「すーくん，恥ずかしいよねぇ～。これすーくんに特別に貸してあげる!　"まほうのハンカチ"。きっと恥ずかしくなくなるよ!」とポケットに入れた。すーくんは泣き止みポケットをぎゅーっと握っていた。

　ハンカチ効果かはわからないが，部屋からステージの裏までは泣かずに行けた。だが，ステージにはやっぱり恥ずかしくてあがれなかった。

　私は，やっぱり出られなかったか……，と少し残念な気持ちになった。その気持ちのほうが強く残り，すーくんにハンカチを貸したことを忘れていたのかなと思った。けれど私がすーくんにハンカチを貸したことを忘れていたにもかかわらず，すーくんはそのときのことを大事にしていてくれたことにうれしくなり，「ありがとう。ハンカチ返してくれて!」と言うと「うんっ!」とニコッと笑い砂場に駆けていった。

〈考察〉
　このエピソード記述に書いた出来事があって，すーくんが覚えていてくれたことがうれしく，感動し，私のしたことはすーくんの心に少しでも響いてくれていたのかなと感じた。
　すごく短い間の出来事だったのに，かわいいピンクのハンカチを私のところにもってきたり，さっきは「もらった」と言ったはずなのに「あげてないよね？」と聞くと「うん」と答えたりするすーくんがなんとも懐かしく，とても長い間すーくんとやりとりを楽しんでいたように感じた。
　表現会のときのことを覚えてくれていて，それを私に伝えようと一生懸命話してくれているすーくんの姿を思い出し，うれしく思った。
　"またピンクの物をもってきて"や"またよくわからない返事をするな"など，少し先入観をもってすーくんにかかわっていたことを反省し，これからの保育でも気をつけていこうと思う。
　きっと保育士1年目の私なら，すーくんのハンカチをもってきたことに何の共感もせず，「みんな欲しいって言うからカバンに入れておいてね」と言っていたと思う。3年目になり，子どもに共感することの大切さを学び，1度ハンカチを見て「かわいいね」と共感したことにより，私のハンカチということにも気づけたのかなとも思う。
　そのときは，すーくんが覚えていてくれたことに，ただただ驚くだけだったが，この出来事をエピソードに書きながら振り返ると，ひとつ疑問に思ったことがある。なぜ，半年前の表現会で貸したハンカチを今になって私に見せてくれたのだろう？
　ずっと家で大事にとってくれていて，たまたま，この日に保育所にもってこようと思ったのかな？
　たまたま，表現会の日に穿いていたズボンをこの日に穿いてきていて，ポケットに手を入れると「あれ？」となったのかな？
　どんな理由にしても"たまたま"な出来事が，この温かい出来事に出会わせてくれて，幸せな時間を過ごすことができた。保育士としてのやりがいを感じつつ，このような温かい出来事に出会わせてくれる子どもたちに対しての「ありがとう」の気持ちを忘れないようにしようと思った。

　中山さんは〈背景〉に，ピンクが好きなこと，好みの持ち物を譲れないこと，会話が成り立ちにくいことなどを具体的にあげています。これはすーくんのマ

イナスイメージのように思われます。このイメージを中山さんがもつので，たとえば，すーくんが見せたハンカチを返してほしいと伝えたとき，「すんなり返してくれたことに"あれ？"と思いながら受け取った」と〈エピソード〉に書いたのではないでしょうか。ところが，このエピソードを体験して中山さんは，すーくんのマイナスイメージを書き換え，〈考察〉に「"またピンクの物を持ってきて"や"またよくわからない返事をするな"など，少し先入観をもってすーくんにかかわっていたことを反省し，これからの保育でも気をつけていこうと思う」と書いています。

　すーくんが中山さんに返したハンカチがなぜ「まほうのハンカチ」なのかは，実は昨年度の表現会で出演を恥ずかしがり泣いてしまったすーくんを励ますために，中山さんがこのハンカチには魔法の力があるのだとすーくんに伝えたからでした。それを素直に聞き入れたすーくんはハンカチをポケットに入れました。そして，「すーくんは泣き止みポケットをぎゅーっと握っていた」のでした。ところがすーくんはステージの袖までは行くのですが，どうしてもステージにあがることはできませんでした。魔法が効力を発揮しなかったせいか，中山さんはエピソードの日まで「まほうのハンカチ」のことはすっかり忘れてしまっていました。でも，すーくんは忘れてはいませんでした。忘れていなかったことに気づいた中山さんはうれしくなり，「鳥肌が立った」とまで言います。また，考察の冒頭は次のように書き起こされていました。

　　このエピソード記述に書いた出来事があって，すーくんが覚えていてくれたことがうれしく，感動し，私のしたことはすーくんの心に少しでも響いてくれていたのかなと感じた。
　　すごく短い間の出来事だったのに，かわいいピンクのハンカチを私のところにもってきたり，さっきは「もらった」と言ったはずなのに「あげてないよね？」と聞くと「うん」と答えたりするすーくんがなんとも懐かしく，とても長い間すーくんとやりとりを楽しんでいたように感じた。

　表現会当日は，まほうのハンカチ効果が見られないと思った中山さんでしたが，ここでは，「私のしたことはすーくんの心に少しでも響いてくれていたの

かなと感じた」と書いています。また，会話がちぐはぐなことはあまり変わっていないにもかかわらず，中山さんはそんなすーくんがなんとも懐かしいと言います。〈考察〉に書かれていたマイナスイメージは肯定されています。そして，すーくんとのやりとりは短い時間だったにもかかわらず，「とても長い間すーくんとやりとりを楽しんでいたように感じた」と中山さんは書いています。それはこの日の出来事が中山さんにとって不文の指導案を書き換えさせるだけの力をもつ"体験"だったからだと思います。

　何かができるようになったわけでもなく，マイナス要因が取り除かれるような成長が認められたわけでもないのに，子どもに対してもっていたマイナスイメージを保育者が書き換える"体験"こそ，感性的コミュニケーションによる子ども理解です。〈エピソード〉をはじめて読んだとき，「鳥肌が立った」は少し大袈裟かもしれないと思ったのですが，それが不文の指導案を書き換えさせるくらいの"体験"だと気づき，私に違和感はなくなりました。

　〈考察〉の終わりに「"たまたま"な出来事」と中山さんは書いていますが，保育の場に起こる偶然を子ども理解のための必然に変えていくことも保育者の仕事なのかもしれません。私は，中山さんにこそハンカチは魔法をかけたのではないかと思いました。

第2節　記述する，リライトする

　好きなのに嫌いだと言ってみたり，一緒に遊びたい気持ちが昂じて友だちのおもちゃを取ろうとしてみたりする子どもの行動や言葉を，見たとおり，聞いたとおりに書いていたのでは，子どもの気持ちや思いを，自分の気持ちにおいてわかることはできません。いえ，本当はできているのですが，それをそのまま書いてしまうと，「想像でものを言ってはいけません。あなたがそう思うだけでしょ」と批判され，客観的に書くこと，事実関係だけに留めることのみが求められるのが，これまでの保育記録の類でした。ですから，そのような記録の取り方に慣らされてきた人には，子どもの気持ちを自分の気持ちにおいてわ

かるというような経験をエピソードにまとめることを難しく感じてしまうのではないでしょうか。次に紹介する記録と記述は、同じ保育場面を書いているのですが、比較することで記録と記述の違いがよくわかりました。また、その違いが保育にとってどれほど大切であるかも知ることができました。

（1） 記録から記述へ

　第2章に取り上げた、小林さんの書いたエピソード記述「私としゅうくんの関係」に興味深いメタ考察を送ってくれた桑原さんの園に招かれて、実践研究発表を手伝ったときのことでした。初めて訪れたとき、数名の保育者に混じって出産を間近に控えた伊藤さんも参加していました。伊藤さんは、段ボールの箱に入って遊ぶ2人の2歳児とのかかわりを書き留めた観察記録をその場に提出してくれました。一読して私は、伊藤さんにリライトをお願いしました。観察記録をエピソード記述に書き直してもらったのです。それを比較検討することで、観察記録とエピソード記述の違いを明確にし、その違いが保育になぜ大切なのかを考えます。

　①伊藤さんが書いた観察記録

2006年12月13日
伊藤礼子

〈内容〉
　森田（仮名、女児・2歳3か月）が布ダンボールの箱に入っていると、山本（仮名、男児・2歳2か月）が来て、無理矢理森田の箱のなかに入ろうとする。森田は、あまりの狭さに山本の体を手で押すが、それでも出ようとしないので、「キャー」「いや！」と奇声を発している。山本は何をしても出ようとせず、森田は我慢できないといった表情になり、その後噛みつこうとするので、保育士が仲介する。森田に保育士が「（山本）なおちゃん入ってきたらいややったん？」と聞くとうなづく。続けて「なおちゃん、（森田）あやちゃんのことだ〜い好きやし、一緒に入りたかったんやって」と言うが、森田は「いややもん」と言う。山本にも「なおちゃん、あやちゃんと入りたかったん？」と聞くと、大きくうなづく。保育士が、「でも、

第3章　保育の場のエピソードを記述する，読み合う

あやちゃん，今は一人で入りたいんやって」と言い，別の箱を見せ，「なおちゃん，どうぞ」と渡すと，山本はにこっと笑い，保育士がもってきた箱のなかに入っている。森田が入っている箱より，大きな箱だったため，山本が入っても少しスペースがあり，山本は「あやちゃん，これこれ……」と箱のなかにむかって手をふり，自分も箱のなかに一緒に入らないかと誘っている。山本に誘われ，森田もにこっと笑い，山本の入っている箱のなかに混ぜてもらっている。2人は向き合い，何をするわけでもないが，しばらくなかに入ってくっつき笑っている。

〈分析・考察〉
　山本は，森田の遊びに無理矢理ながら加わってみたり，誘ったりしている。結果的には森田も山本の誘いを受け入れ一緒に箱のなかに入っている。このことから山本と森田は友だちと一緒に同じことをして喜んでいるのではないかと思われる。

　この観察記録を読んだ私は，とてもかわいい出来事なのに，そのかわいさが伝わらないのは残念だなと思いました。また，伊藤さんが用意した大きい箱に入ったなおちゃんがあやちゃんを誘って一緒の箱に2人で入り，笑っているという結末を起点にしてこの出来事をふり返れば，何か興味深いことに出会えそうな予感もありました。そのようなわけで私はリライトをお願いしたのですが，快く引き受けてくれた伊藤さんは，翌月には次のようなエピソード記述をもってきてくれました。それは同じ出来事を取りあげたとは思えないくらい，いきいきと描かれていました。

②伊藤さんがリライトしたエピソード記述

エピソード　一緒に遊びたいな

2006年12月13日
伊藤礼子

〈背景〉
　あやちゃんとなおちゃんは2人とも0歳児のときに入所している。2人とも朝8時過ぎから夕方6時頃までの保育なので，一緒に過ごす時間が長い。秋頃より，お互いの名前を呼び合ったり，気づくと2人で同じ遊びをしたりしていることがある。

そんな2人だが，あやちゃんはうれしくなったり，思いが通らなかったり，嫌なときなど，「キャー」と声に出している。ときには噛みつくこともある。なおちゃんは欲しいものは力づくでも取ろうとする。トラブル時，自分の気持ちは言葉ではなく，ひっかいたり押したり噛みついたりと，動作で出ることが多い。
　朝，登園してきた子から好きな遊びをしている場面のことである。クラスでは最近，箱のなかや棚のなかに入ったり，かくれたりする子どもたちが多く，この日のあやちゃんも登園後箱をもってきてなかに入っていた。

〈エピソード〉
　あやちゃんが布ダンボールの箱に入っている。そこになおちゃんがやってきてあやちゃんの箱のなかに無理矢理入っている（箱が小さいため，あやちゃんは座っているが，なおちゃんは立って身動きできない状態）。あやちゃんは箱のなかが狭くなったため，なおちゃんの体を手で押し，「キャー」「いやー」と言っている。なおちゃんはあやちゃんに押されると，両手でしっかり箱にしがみつき，泣きそうになりながらも決して箱のなかから出ることはない。あやちゃんは我慢できないといわんばかりに噛みつこうとするので，私が仲介することになってしまう。私があやちゃんに，「なおちゃん入ってきたらいややったん？」と聞くとうなずく。続けて，「なおちゃん，あやちゃんのことだ～い好きやし一緒に入りたかったんやって」と言うが，あやちゃんは，「いややもん」と言う。なおちゃんにも，「なおちゃん，あやちゃんと入りたかったん？」と私が感じたなおちゃんの気持ちを聞くと，大きくうなずく。私が，「でも，あやちゃん，今は一人で入りたいんやって」と言うと，箱のなかに入ったままだが，箱をにぎりしめていた手がすっとはなれ，片手が私の服をにぎり，入っていた力がすっとぬけたような感じがしたので，私はその場をはなれ，1mほど先に置いてあった誰も使っていない別の箱をもってきて見せ，「なおちゃん，どうぞ」と言うと，急にニコッと笑顔になり，あやちゃんの箱から出て，私がもってきた箱のなかに入っている。私がもってきた箱は，偶然あやちゃんが入っている箱より大きな箱だったため，一人入っていてもまだスペースがあることに気づいたのか，なおちゃんは，「あやちゃん，これこれ……」と箱のなかにむかって手をふり，自分の箱のなかに一緒に入らないかと誘っている。なおちゃんに誘われ，あやちゃんもニコッと笑い，なかに入っている。2人は1つの箱で向き合い，何をするわけでもないが，しばらくなかに入りくっつき笑い合っている。

〈考察〉
　あやちゃんとなおちゃんは，毎日必ずといっていいほど名前を呼び合い遊んでいる。特になおちゃんは，あやちゃんを求めるように，「あやちゃん，あやちゃん」と呼んだり，あやちゃんが登園すると，「あやちゃんきた！」と喜んだりしている。なおちゃんはあやちゃんのことが大好きなので，この日もあやちゃんと一緒に遊びたくて近寄って行ったのだと思う。
　なおちゃんは，あやちゃんの箱のなかに無理矢理入っているが，箱のなかが狭くても，あやちゃんに出て行ってほしいということはなく，何がなんでもあやちゃんが入っていた箱のなかに一緒に入りたかったように思えた。あやちゃんは，なおちゃんが箱のなかに入ってきたことを嫌がったが，なおちゃんが出ようとしないので，我慢できなくなって噛もうとしたのだと思う。このとき私は，先週なおちゃんがあやちゃんに噛まれたことを思い出し，"また噛まれるのでは？"と思い，あやちゃんに声をかけた。
　私がなおちゃんにあやちゃんの気持ちを伝え，なおちゃんの力がすっとぬけたような感じがしたとき，以前から私がいろいろな場面で"今は"という言葉を使い，そのときの私の気持ちや友だちの気持ちをなおちゃんに繰り返し知らせてきたため，あやちゃんの"一緒に入りたくない"という気持ちが少しだけわかったのだろうと思った。そして，そのとき，なおちゃんはこれ以上強引にしないだろうし，あやちゃんも噛まないだろうと思い，安心してその場を離れ，別の箱を取りに行った。
　箱を取られそうになり，噛みつこうとしたり，箱に入れず悲しい思いをしたというのに，5分もしないうちに2人で同じ箱に入って微笑み合っている姿を見て，私は温かい気持ちになると同時に，子どもの不思議さを感じた。

（2）　観察記録とエピソード記述を読み比べる

　伊藤さんが提供してくれた観察記録とエピソード記述を読み比べると，前者からは硬質な印象を受けます。それは子どもの名前が苗字で表記されていたり，「さん，くん，ちゃん」などがないからだけではなさそうです。事実だけを客観的に書こうとして登場人物の気持ちに立ち入ることを避けたため，硬い感じがするのではないでしょうか。それにひき換え後者は，伊藤さんの気持ちも含めてあやちゃんやなおちゃんの思いの変化が描かれているので，エピソードは

その場の雰囲気をよく伝え，いきいきと蘇ってくるように思います。そのあたりを，両者から抜き書きして読み比べてみます。

・あやちゃんが，無理に箱に入ってきたなおちゃんを押す場面では……
　【観察記録】
　　　無理矢理森田の箱のなかに入ろうとする。森田は，あまりの狭さに山本の体を手で押すが，それでも出ようとしないので，「キャー」「いや！」と奇声を発している。
　【エピソード記述】
　　　あやちゃんの箱のなかに無理矢理入っている（箱が小さいため，あやちゃんは座っているが，なおちゃんは立って身動きできない状態）。あやちゃんは箱のなかが狭くなったため，なおちゃんの体を手で押し，「キャー」「いやー」と言っている。

　後者は，座っているあやちゃんと立って身動きできない状態のなおちゃんという2人の様子が目に浮かびます。これがあるので，「奇声を発する」が「言っている」に簡略化されても雰囲気は伝わります。いえ，むしろ「奇声を発する」という表現は，この記録を書いたときの伊藤さんの見方がそう言わせたのであって，エピソードに書いてみるとむしろ，「奇声を発する」という表現はふさわしくないなあと伊藤さんは感じたのかもしれません。

・噛みつこうとするところへ介入する場面では……
　【観察記録】
　　　森田は我慢できないといった表情になり，その後噛みつこうとするので，保育士が仲介する。
　【エピソード記述】
　　　あやちゃんは我慢できないといわんばかりに噛みつこうとするので，私が仲介することになってしまう。

　前者では，「その後噛みつこうとする」とありますが，後者では，「我慢できないといわんばかりに噛みつこうとする」になっていて，あやちゃんの気持ち

の高ぶりがよく伝わります。また，「保育者が仲介する」と冷静な前者に対して，後者は，「私が仲介することになってしまう」と書かれていて，伊藤さんの「仕方なしに」とか，「困ったことに」といった気持ちが「なってしまう」に込められているように思います。もちろん後者が，「私」という一人称になっていることも見逃せません。「保育士が仲介する」では，保育士であれば誰でも同じように対応するような印象を受けますが，「私が仲介することになってしまう」とすることで，同じ仲介であっても，その仲介は他の誰でもないこの私がしたのだけれどもそれでよかったのだろうか，という伊藤さんの内面のつぶやきが聞こえるようです。

〈考察〉で伊藤さんは，「このとき私は，先週なおちゃんがあやちゃんに噛まれたことを思い出し，"また噛まれるのでは？"と思い，あやちゃんに声をかけた」と書いています。〈考察〉ではついに「仲介する」という表現すら姿を消し，「声をかけた」に変えられています。「仲介する」がいかにも「先生的」であるのに対し，「声をかけた」は，先週のことを思い出した伊藤さんが自分の気持ちに正直に子どもにかかわった様子がありのままに表現されているように感じられます。

・子どもの気持ちを聞く場面では……
　【観察記録】
　　「なおちゃん，あやちゃんと入りたかったん？」と聞くと，
　【エピソード記述】
　　「なおちゃん，あやちゃんと入りたかったん？」と私が感じたなおちゃんの気持
　　ちを聞くと，

後者には前者になかった「私が感じたなおちゃんの気持ちを」が挿入されています。このことによって，「これはあくまでも私が感じとったなおちゃんの気持ちであって，そうではないかもしれないけれど……」という伊藤さんのそのときの思いを知ることができます。そこに保育者としての伊藤さんの在りよ

うが垣間見えます。伊藤さんは，困難場面をうまく解決することが保育の目的ではないことをよくわかって，子どもの傍らにいるのでした。

・別の大きな箱を渡す場面では……
　【観察記録】
　　　保育士が，「でも，あやちゃん，今は一人で入りたいんやって」と言い，別の箱を見せ，「なおちゃん，どうぞ」と渡すと，
　【エピソード記述】
　　　私が，「でも，あやちゃん，今は一人で入りたいんやって」と言うと，箱のなかに入ったままだが，箱をにぎりしめていた手がすっとはなれ，片手が私の服をにぎり，入っていた力がすっとぬけたような感じがしたので，私はその場をはなれ，1mほど先に置いてあった誰も使っていない別の箱をもってきて見せ，「なおちゃん，どうぞ」と言うと，

　観察記録を読む限りでは，保育者が別の箱を提示することでこの場をなんとか取り収めようとしたのだという理解に留まりますが，エピソード記述を読めば，伊藤さんが別の箱を提示するときに，「力がすっと抜けたような感じがした」ことが伊藤さんを後押ししていたことがわかります。なおちゃんにしてみれば，伊藤さんに気持ちを開いたのでしょう。それで服を握る手の力が抜けたのだと思います。
　もしも私たちがこの場に居あわせて，廊下の窓越しにでもこの様子を見ていたとしたら，おそらく観察記録のようにしか，書くことはできないのではないでしょうか。それは書き加えられた部分が，伊藤さんとなおちゃんの2人にだけ感じとれた気持ちだったからです。「箱をにぎりしめていた手がすっとはなれ，片手が私の服をにぎり」までは目に見えますから行動観察として記録することができますが，「入っていた力がすっとぬけたような感じがした」かどうかは，当事者でなければ知りようもありません。まさにこれが「子どもの気持ちを自分の気持ちにおいて感じること」そのものです。なおちゃんの力がすっと抜けたことも伊藤さんが自分の気持ちにおいて感じたことですが，それによ

って伊藤さんはさらに，なおちゃんの興奮した感情もだいぶ収まり，今なら少し離れても大丈夫かもしれないと思います。これこそが保育者に必要な，「子どもの気持ちを自分の気持ちにおいて感じること」なのです。

　この場面に限らず，モノの取り合いからトラブルになり保育者が解決策を提案することは，保育の場では日常茶飯事でしょう。まったく同じモノを渡そうとしても相手の子どものモノにこだわることはよくあります。それだけに伊藤さんが，「入っていた力がすっとぬけたような感じがした」から別の箱を渡そうとしたことは重要です。善悪の判断から，あるいは，とにかく噛みつかれては困るので，その場を何とかしようとするのでは，子どもの気持ちは変わってくれません。でもこのエピソードのように，子どもの気持ちが保育者に向かって開かれたことを感じとることができれば，子どもが保育者の思いを受け入れてくれる可能性は高まります。ここに保育の機微があります。

　「人情の機微に触れる」と言いますが，保育の機微も，まさに機微というほかないのであり，自身の感受性をよほど研ぎ澄まして子どもと接していなければ，その機を逃してしまいます。相手の意を汲む，気持ちを察する，といったことが日常的に求められるのが，保育の場なのですから，「○○の場合は，○○のように対応する」などとあらかじめ決めておけるようなものは，保育の場にはわずかしかないはずです。

　保育は，他の誰でもないこの私と，他の誰でもないこの子やあの子が，二度と来ないこの日を生きるわけですから，「必ずそうなるとは限らない」というだけでなく，むしろかけがえのない1日として，保育者の予想を超えて展開することを期待するくらいでなければならないと思います。そのためにも，保育の場は常に可変性と偶然性に開かれていなければなりません。

（3）　リライトは考えること

　私は伊藤さんの観察記録を読んで，"箱に入りたいのはどの園の子でも同じだな"と思いました。なぜか，箱は小さいほどよく，潜り込むところは狭いほどおもしろいのがこうした遊びの特徴ですから，あやちゃんの箱になおちゃん

が入りたいのは，あやちゃんと一緒がいいというだけでなく，"せまっくるしく遊びたい"からでもあるのではないでしょうか。そしてこの遊びには，遊ぶこと以外に何の目的もありません。この遊びを遊んで何かを学ぼうなどとは，2人とも思ってはいないのです。遊びは遊ぶことそれ自体が目的であることを如実に示していたので，私にはかわいく思えたのでした。このエピソードは，「2人は1つの箱で向き合い何をするわけでもないが，しばらくなかに入りくっつき笑い合っている」ところが結末ですが，ここもやはり遊ぶことそれ自体がこの子たちの楽しみであることがわかります。

　ところが，一緒に遊べるようになる，仲良くする，譲り合うなど，保育者特有の価値観をもってこの2人のやり取りを見てしまうと，無理矢理あやちゃんの箱に入ったなおちゃんも，それを嫌がるあやちゃんの「いやー」も，良くない行動として保育者の目に映ります。するとそこに「遊びを通して総合的に保育を行うこと」と書かれた保育所保育指針や，「幼児の自発的な活動としての遊びは，心身の調和のとれた発達の基礎を培う重要な学習であることを考慮して……」と書かれた幼稚園教育要領が思い出されて，保育者は，「友だちと仲良く遊ぶ」という，遊びを通した学びを「指導」することになり，子どもの遊びに「介入」することになります。伊藤さんがエピソードに「私が仲介することになってしまう」と表現した戸惑いは，これではなかったのでしょうか。伊藤さんは一緒に遊ぶことを「学んで」ほしかったというより，なんとかこの子たちの遊びが"遊びのまま"を持続することを願ったのではないでしょうか。「噛みつこうとする」という神経を使う場面であるだけに，どうしても「仲介」的にならざるを得ないのでそのようには見えないかもしれませんが，伊藤さんがエピソード記述としてこの箱を使った遊びの場面をリライトしたとき，何の目的も学びも目指さない遊びこそ遊びなんだという価値観が，伊藤さん自身によって自身のなかに見いだされたのではないでしょうか。

　伊藤さんは遊ぶ子どもの"遊びたい気持ち"を持続してもらいたいので「介入」したのであり，仲良くすることを教えたかったのではなかったことが，かえって2人が仲良く遊ぶことにつながったのではないかと思えるのです。なお

ちゃんの大きい箱へのお誘いをあやちゃんが断らなかったのは，あやちゃんもやはり，窮屈な思いがだめだっただけで，なおちゃんと一緒に"遊びたい気持ち"はあったのではないでしょうか。あるいは誘われて"遊びたい気持ち"になったのかもしれませんが，仲良くしなさいと教えなくても，そもそも2人は仲良しなのです。

　リライトは考えることです。でもそれはたった1つの正解を探す作業ではありません。エピソードをあっちから眺めたり，こっちから突っついたりして多面的に読み解くことで，保育者としての厚みを増すことにつながるふり返りです。このことを踏まえてもう一度エピソードに戻ると，私にとって魅力的だったのは，やはりなんといっても最後の場面です。

　新しい箱に入ったなおちゃんがあやちゃんを呼び，とうとう2人は一緒の箱に入って，「1つの箱で向き合い何をするわけでもないが，しばらくなかに入りくっつき笑い合っている」様子からは，「なおちゃんはあやちゃんと遊びたかったんだ，箱がほしかったのではなくて，あやちゃんと遊びたかっただけなんだ」と思わせます。このような観点に立ってこのエピソードを初めから読み直すと，なおちゃんがあやちゃんの箱に無理矢理入ったわけが，あやちゃんと遊びたかったからなのだということになりますが，先に見たように，「子どもは箱のなかに入るのも好きだし狭いところも大好き」という観点からなおちゃんの行動をふり返ると，「うーん，こまったことになったぞ」と，ハラハラしながら子どもの遊びを見とどけることになります。遊びを遊びのままにしておきたいのです。では，「一緒に遊びたいだけだったんだ」という観点Aと，「子どもは箱のなかに入るのもすきだし狭いところもだいすき」という観点Bを交叉させることから，何が見えてくるのでしょう。

　保育の目的が子どもの心を育てることだといっても，その心が育つためには保育の具体的な展開が必要であり，そこには保育者による保育的環境が用意されなければなりません。観点Aは，この保育の目的である子どもの心の育ちの視点であり，観点Bは，保育的環境の用意の視点ではないでしょうか。ですからこのエピソードの場合，観点Aと観点Bは，まさにAかBかといった二者択

一的議論ではなく，保育の場を読み解くときに欠かせない2つの視点であることがわかります。それはまた，その両方が保育に求められていることに他ならず，そこに保育者の対応の難しさがあるのですが，伊藤さんはなおちゃんの入っていた力がすっと抜けたことから気持ちの変化を察知して，大きな箱を手渡すタイミングを逃さなかったことで，観点Aと観点Bは見事な両立を見せたのでした。

　複数の視点をもつことやその視点を交叉させて考察することで，今まで見えなかった保育の意味が立ちあがってきます。また，エピソードに記述して，そのときどきの自分の思いを丹念にたどることで，自分では気づいていなかった価値観によって，自分が行動したり考えたりしていたことがわかる場合もあります。それもこれも，ともかくエピソードを書き，考察を加え，他者の目でそのエピソードを読むためにも背景を加えてエピソード記述に仕立て，読み返してはリライトを繰り返すことで，単眼は複眼となり，理解は多様化して，それが保育者の懐の深さにつながることを，私は自園の保育者から，いつも教わっているように思います。

第3節　エピソード記述を読み合う

　ここまで，第1節ではエピソード記述へ向かう動機の重要性，第2節では記録と記述の違いを通してリライトの重要性について考えてきましたが，第3節では，エピソード記述を読み合うことの重要性を取りあげます。書き手が働く園内で同僚たちと読み合うことで，エピソードが多面的に読み込まれることはもちろんですが，相手の人となりが掴めたり，互いの保育観，子ども観をあらためて知ることができたりします。また，エピソードに登場した子どものことやエピソードが採集された保育の場のことをよく知る人たちがテーブルを囲むのですから，書き手も知らなかった過去の出来事や，家庭の様子などが情報として提供されることもあり，エピソードの"読み"が深まることはいうまでもありません。

参考までに，本書のベースになっている勉強会が具体的にどのように行われていたかを紹介しますと，参加人数は私を含めて10人まででした。これ以上多いと時間もかかり，コメントの重複も多くなると思います。ただ，3名以下では少なすぎるかもしれません。テーブルを囲むように着席して，ファシリテーターの私が少し話をした後，書き手がエピソード記述を読みあげました。参加者は聞きながら，気になったところや質問したいところ，心にとまったところなどにアンダーラインを引いたり，欄外にキーワードを書き入れたりします。園内で行うのであれば，資料は事前に配布しておき，下読みしておいてもらうと良いでしょう。読み終われば，私が質問したり，わかり難いと思ったところを補足したりしてから，参加者が着席順に自分の思ったことや感じたことを話しました。そして最後に書き手が感想を述べて一区切りとしていました。

　勉強会でしたので，参加者からの発言や書き手とのやりとりが終わるごとに私が短いコメントを挟みましたが，園内で行う場合は，発言も着席順である必要もないかもしれませんし，園長や主任が一々コメントすることもないかもしれません。それよりも自由に議論したほうがよいのではないでしょうか。ただし，エピソード記述を読み合うカンファレンスは保育の方法や環境構成の良し悪しを論う（あげつら）のではありません。そういったことが上に立つ人の発言に多いようですが，あくまでも登場する子どもや書き手の気持ちや思いを考えることを優先し，そこに保育の意味を見いだすことが大切です。

　さて，次に紹介するエピソード記述を資料とする模擬のカンファレンスは，書き手の園で行われたものではなく，その日初めて顔を合わせた数名の保育士さんたちによって読み合われたものです。また，書き手自身も参加していません。ですから，登場する子どもたちのことも，もちろん書き手のことも参加者は知りません。それでも語り合いは興味深いものになりました。

　まずは，その模擬カンファレンスに取りあげられたエピソード記述を読んでみます。その後，続けてカンファレンスの様子を記録したものを示します。[*2]

エピソード　たいようぐみのたろうくん

2013年6月4日
高木由美

〈背景〉
　たろうくん（仮名，5歳5か月，たいようぐみ）は弟じろうちゃん（仮名，2歳6か月，メロンぐみ）と二人兄弟である。5歳児にしては小柄で，マイペースであり，恐竜や星，昆虫，車の図鑑が好きで，自然現象などにも興味をもっている。
　私はたろうくんが2，3歳児のときに担任をしていて，そのときのたろうくんへのイメージは，車が好きで，言葉ではなく弱々しく泣いて主張することが多く，よく泣き，気持ちもなかなか切り替えることができない子だった。また少しでもできないと思えばすぐにあきらめてしまい，すべての物事に対して「自分から何かに挑戦してみよう」という気持ちが感じられず，もう少したくましくなれるといいなと思っていた。たろうくんが4歳児に進級するときは，ちゃんとやっていけるのか心配だった。今もたろうくんと一緒に過ごすなかでそのときのイメージが何となく頭のなかに残っていた。

〈エピソード〉
　この日は，たいようぐみ（5歳児クラス）とたろうくんの弟がいるメロンぐみ（2歳児クラス）が園庭に出ていた。いつものように園庭で遊んでいると，たろうくんが私のところに来て，「先生，木登りしてもいい？」と言ってきた。園庭には2メートル50センチくらいの高さの木があり，子どもたちはよくその木で木登りを楽しんでいた。子どもたちの背丈の2～3倍もある木なので，木登りをしたがらない子

＊2　ここに掲載するカンファレンスの記録は，2013年9月13日，全国保育会館で行われた保育フォーラムの報告が掲載された全国私立保育園連盟機関誌『保育通信』No. 704から一部を抜粋し，加筆修正したものです。
　なお，参加者は東京都民間保育園協会のお世話により都内8園からお集まりいただいた8名の保育士さんです。転載をお許しいただきました関係機関ならびに参加者の皆様に，この場をお借りしてお礼申し上げます。ご参加いただきました方々は以下のとおりです（敬称略）。
　冨田恭子（東田端保育園），佐藤綾奈（おおたみんなの家），原美由紀（さくらぎ保育園），田仲真奈（今井保育園），中山恵莉（女塚保育園），竹内杏実（亀戸浅間保育園），鈴木磨耶（ハッピードリーム鶴間），森嶋由季（元木保育園）

もおり，木登りをしている子はクラスの半分くらいの人数のように思う。それでも，よく木登りをする子は木のてっぺんから顔を出し，友だちや色々なクラスの保育士に「おーい！」と言って声をかけ，誇らしげな顔をしていた。この日は誰も木登りをしておらず，私は今までたろうくんが木登りをしているところを見たことがなかったので，たろうくんが「木登りしていい？」と言ってきたことに少し驚いた。たろうくんに「いいよ」と言うと，たろうくんは園庭で遊んでいた弟を木登りの木の近くまで連れて来て「じろうちゃん，ここに座っとってね」と言って木のベンチに座らせた。たろうくんは弟を座らせると木のどこに手や足を置くのかを考えながらゆっくりと慎重に登っていった。私はたろうくんがどういうふうに木登りをするのかわからなかったので，落ちないかハラハラしながら見守った。時間をかけて木の半分くらいの高さまで登ると「ふぅ～」と一度息を吐いて「もう怖いからここまでにしよっと」と言って，満足そうに下を見下ろしていた。そのときのたろうくんのやりきったというような表情がとても印象的だった。そして，また時間をかけてゆっくりと下に降りてきて，ベンチに座っていた弟のところに行き「見とった？」と誇らしげに尋ねていた。このとき，私のなかで"たろうくんてこんな子やったっけ？"という思いがわいてきた。そんな疑問を感じながらも，自分から木登りをしたたろうくんに何か言葉をかけたくなり，「たろうくんすごい！　高いところまで登れたね！」と言うと，たろうくんは照れながら笑っていた。

〈考察〉
たろうくんは，マイペースなので興味があること以外は友だちがしていることを特に気にしていないと思っていた。しかし，たろうくんも木登りをしている友だちを意識していて自分も「してみたい！」と思っていたのかもしれない。それでも，自分よりも何倍も高い木に登るには好奇心以上に勇気がいる。そんな，木登りにたろうくんが自分から挑戦してみようと思い，誰かに（弟に）自分が木に登る姿を見せたいと思うくらいに成長していたことに驚いた。また，好奇心に任せて木の高いところまで行き「降りられない」というのではなく怖いから今はここまでと思い，自分で判断して降りてきたことに対しては，自分の心とよく会話ができているなと思った。今まで，2，3歳のときの泣いてばかりいたたろうくんのイメージをなんとなくもち続けていたが，木登りをするたろうくんの様子を見てたろうくん，ちゃんとたいようさん（5歳児）になったなぁ，たくましく成長したなぁと感じた。それと同時に私は過去のイメージからたろうくんは怖いと思ったことに挑戦することは

ないだろうと心のどこかで決めつけていたように思えてきた。今まで，その子の成長を願い子どもたちにかかわっているつもりだった。また私のもっているイメージは過去のもので今はそのときよりも成長していると頭で理解しているつもりだった。しかし，その子と一緒に過ごしてきたなかで私自身が感じたその子へのイメージはそう簡単に変えられるものではなかった。そのため，このとき私は私のなかのイメージをひとつの行動で変えてしまうほどに成長したたろうくんに驚いたのだと思う。それでも過去のたろうくんを知っているからこそ現在のたろうくんの成長を感じ喜ぶことができるので，過去のたろうくんのイメージをもっていることも悪いことではないと思いつつも，無意識に子どもの成長を決めつけていた自分が恥ずかしくなった。このエピソードを通して，そういえばたろうくん，みんなの前で自分の興味があることを得意げに言えるようになったなぁ，仲の良い友だちと遊ぶ姿もよく見るし，そのときしたい遊びが一緒であれば割とどの友だちとも遊んでいるなぁ，友だちに対して怒ったときには友だちのことを思いっきりにらんで怒りを表現するようにもなったなぁ，でも相変わらず私がたろうくんにとって興味がない話をしているときには周りの友だちがどんなに真剣に聞いていても，たろうくんはふざけたり，上の空だったりするなぁと自然に5歳児のたいようぐみのたろうくんについて考えることができた。また，このエピソード以降，たろうくんの成長を発見するのが楽しくなったようにも思う。

　4歳児のときに1年間担任をしていなかったとはいえ，5歳児になってからも2，3歳児のときのイメージのままだったことはたろうくんに対して申し訳なかったと感じた。しかし，たろうくんは無意識とはいえ，「それは違う。ぼくはそうじゃない」とでもいうように成長した自分の姿を見せ，私のなかのたろうくんのイメージを変えて見せた。子どもの成長やたくましさには大人が思っている以上のものがあるんだと改めて感じるとともに，それを教えてくれたたろうくんになんだかしてやられた気がしたのだが，それ以上にうれしくも感じ，たろうくんに気づかせてくれてありがとうと言いたくなった。

室田　それでは，みなさんはどこにアンダーラインを引きましたか？

森嶋　たくさん引きました。たろうくんの「先生，木登りしてもいい？」と「もう怖いからここまでにしよっと」ってところです。「先生，木登りしてもいい？」って，誰も木登りをしてないのをわかっていて，すごく勇気がいった一言だろうと思います。今度は，登ってみて「もう怖いからここまでにしよっ

と」って書いてあるんですけど，自分の心とよく相談したのだろうなっていうのがこの文面からもすごく伝わってきました。

　原　私はイメージっていうところに丸をつけてたんですけど，この先生には過去のイメージが強くあって，でもこの木登りのエピソードを機に，「こういうこともできるようになったんだ」とかっていうようにそのイメージが好転していく感じだったんですけど，私も子どものことをマイナスイメージで見ることがあって，やっぱりそういうふうに見てると，もうそういうふうにしか見えなくなってしまうことがありました。やっぱりいろんなところから見てあげて，子どもとかかわることが大切かなって思いました。

　鈴木　この日，誰も木登りをしていなかったということと，弟のじろうくんがそこにいたってことが，勇気を振り絞るために必要なことだったのかなと感じました。すごくやりたかった気持ちとその日の条件がすごくマッチして生まれたエピソードなのかなあと思いました。それと，ほんとに子どもってこんなにできるんだなっていう，今まで以上にもっとできるんだっていうところを信じてあげられるような保育士になりたいなあって思いました。

　竹内　たろうくんは弟にできるっていう姿を見せることができてすごくうれしかったんだろうなっていうのを感じました。それと，私もイメージっていう言葉に丸をつけました。自分の保育を思い返したときに，その1・2歳児なんですが，その年齢のイメージだけでなく，1対1でその子を見て，その子の姿などから何が伝えたいんだろうかと感じてあげ，それをどう理解してあげるかが大切なんだろうなということを感じました。

　室田　子どもって，言葉で自分の気持ちを十分伝えられるだけの言葉をまだ手に入れてませんよね。僕らも考えたらそうで，どんなことも言葉で説明すれば伝わると思い込んでるけど，なかなかそうはいかない経験を誰しももっているのではないでしょうか。それが子どもであればなおさらでしょうから，子どもは言葉以外の手段で自分の思いや要求や欲望を出してくる。それを保育士は，"この子はどんな思いでこうしているんだろう"ってわかってあげなきゃならないんですね。やっぱり目に見えないものを見ていくっていう，そこが僕らの

仕事の大変なとこでしょうね。

　田仲　たろうくんのイメージを決めつけてしまっていたということがあったのですが，私もやっぱり子どもに対してイメージを決めつけて見てしまうことがあるんですけど，やっぱりイメージだけでなく，もっと一人ひとりの子どものことをよく見て，もっと信じてあげないといけないなっていうふうに思いました。

　冨田　このエピソードを聞いて，自分の園のことを思い出して，もしかしたら私が気づいてなかっただけで，このエピソードのようなことがあったのかなと。日々の一瞬のことだけど，もっと掘り下げたら，もっと他の働きかけができたのかなとか。私はいろいろ見逃していたのかなと思いました。

　室田　みなさん，ありがとうございます。ところで，今日の保育フォーラムは「自己肯定感を育む保育実践」がテーマでした。最後に，自己肯定感について聞かせていただきたいのですが。

　佐藤　私は，ほんとに子どもが頼ってくれているのか自信がないんです。3，4，5歳の異年齢保育で担任が5人いるんですけど，たぶんそのなかで私が一番ガミガミ言うので子どもたちに恐れられていると思うんです。だから子どもが私のところに来てくれても，「怖いからいい子にしてよう」とか思って来てるかなって思ってしまうことがあるんです。つい最近よく私のそばに来てくれる年長の子のお母さんが，私のことが一番好きだって家で言ってるんですって話してくれたんです。それを聞いたときにすごく安心したし，「もっと信じてあげなきゃ」って思って，そのときにちょっと私の壁がなくなって，その子とたくさん話をしたんです。そうしたら次の日から，朝来てすぐに私の膝の上に乗ってくれるようになりました。今までそういうことがなかったので，そのときに，自分も自分がやってる仕事に自信をもって自己肯定しなきゃいけないし，子どももやっぱり自分が愛されてるって思ったら，もっとすぐ甘えてくれるようになるんだなあって思いました。なんかこれが自己肯定感なんですかね？そんなことを考えながらお話を聞いていました。

　室田　その子との壁がなくなったっておっしゃったのは，子どもが壁を建て

たわけではなくて，佐藤先生のほうが壁を建ててたわけですよね。それがお母さんのたった一言で壁が取り除かれていったんですね。なんかすごいですよね。誰が仕組んだわけでもないけど，お母さんは子どもが「佐藤先生のことが僕一番好き」と言ったのを聞いて，うれしくなったのだと思うのです。だから佐藤先生にそのことを伝えられたのだと思いますよ。そのような思いでお母さんが言っているので，佐藤先生はそれを素直に聞けたのだと思います。そのお母さんの一言が素直にうれしかったっていうことが，壁を取り払う力になったのでしょうね。そうすると次の日からその子が膝に乗ってくれるっていう，なんか魔法みたいなことですよね。そういうことが普通に起こる保育園ってすごいなぁって思います。でもそういうたったその一つのこと，そのことがこれから佐藤先生をきっと支えていくし，聞いた僕らもすごくうれしくなって，「あーやっぱりこういう仕事して良かったなあ」って思えるんですよね。

中山 今日のいろんな方のお話を聞いて，好きな人に「好き」って言ってもらえたり，思ってもらえたりするっていうことよりも，単に言葉ではなくそこに居場所があることが大切なのかなあと思って。そこに「居場所がない」って思っちゃったら，それは自己肯定感がないってことなのかなって思いました。

室田 新入園児さんが保育園を自分の居場所にしてくれるまでのことを考えると，たしかにそうかもしれません。子どもが「ここは居心地がいいぞ」と思ってくれるだけでなく，先生が僕のことを大切にしてくれる，きっと好きなんだ，僕のことが大事なんだ，必要なんだと思ってくれるようになるまでの過程を考えると，自己肯定感は自分だけでもてるものではないことがわかるような気がします。

森嶋 つい先日なんですけど，2歳児で，一番クラスのなかで月齢も高く，着替えも何でも1人でできるから，保育士に何かを手伝ってもらうってことがあまりない子がいるんですけど，午睡明けに着替えをしないんですね。最初は寝起き悪いなあって思っていたんですけど，でもいやいやそんなはずないよ，前までは着替えられてたしと思って，そのときはそれぐらいにしか思ってなかったんです。でも次の日もその次の日もまた着替えてなくて，その日は「先生

に手伝わせて」って言ってみたんです。そしたら「なんで？」って聞いてきたんです。深い意味はなかったけどとっさに出たのが「大好きだから」っていう言葉でした。両手でギュッってしながら「大好きだから」って。軽い気持ちで自然と出た言葉だったんですけど，その子もギュッと返してくれて「うん手伝って」って言ってくれたんです。そのときは「うれしいな，伝わったな」って思ったぐらいだったんですけど，今日，エピソードをみんなで読んでいるときに「これか」と思って，「自己肯定感ってこないだのあれか」と思って。その子にとっては「先生に私の気持ち伝わった」ってきっと思ってくれていて，これが自己肯定感の築かれた瞬間だったんだろうなって，今考えると思います。

でもその一方で，「こんなにあなたのことが大好きなんだよ」っていう思いがその子に伝わったんだなって。その子の自己肯定感が築かれたと同時に私の自己肯定感が築かれた瞬間だったんだなって，今日参加してみなさんのお話を聞いたり先生のお話を聞いたりして思ったんです。だから自己肯定感を育むってきっと奥が深くてすごく難しいことなんだと思うんですけど，日々の保育のなかではそういう場面ってすごくたくさんあるので，そこを自分が気づいていかに生かしていくかっていうのが，自己肯定感を育む保育の実践につながっていくのではないかなと感じました。

室田 最後に森嶋さんがまとめてくれました。今日のテーマの核心を突くお話だったと思います。ありがとうございました。

今日はこうしてみなさんと語り合うことができ，とても楽しかったですし，初対面でも保育者はちゃんと語り合えるんだなぁって思いました。おそらく保育者は，腕のいい職人みたいに保育する技術と経験知をわが身に備えているので，実践の場でなくても，すぐに誰とでも保育のことを深く語り合うことができるんでしょうね。でもそれも，エピソード記述が資料として提供されていたからこそだと，あらためて思います。いきいきとした保育実践が報告されていたからこそ，私たちもいきいきと語り合えたのでしょう。エピソード記述の書き手にも感謝したいと思います。みなさん，ありがとうございました。

第 3 章　保育の場のエピソードを記述する，読み合う

　いかがだったでしょうか。エピソード記述を読み終えたとき，書き手の〈考察〉や〈エピソード〉の描き方，あるいはタイトルや〈背景〉についても，読み手にはいろいろなことが思い浮かぶと思いますが，カンファレンスの記録を読むと，"私もそう思った"とか，"なるほど，そういう視点もあるなぁ"とか，"自分の話ばかりしているけど，いいのかしら"などと思われたりして，自身の視野の拡がりを感じていただければ引用した甲斐があったというものです。主催者からフォーラムの趣旨に沿った質問を投げかけてほしいとの依頼があったために，私が話題を振っているので"自分の話"が出てきていることもあると思うのですが，少なくとも保育の方法や環境に対する批判的な意見はなかったように思われます。それよりも，たろうくんに魅かれて参加者の気持ちが和み，エピソードに描かれた世界や雰囲気にみんなが引き込まれていることがエピソード記述を資料とするカンファレンスのおもしろいところです。

　もしもたろうくんが，みなさんが勤務する園に在園する子どもだったらどうでしょうか。また，同僚と読み合っているとしたらいかがでしょうか。きっと入園当初のことや，自分だけが知るエピソードや，保護者のことなども話題に上るのではないでしょうか。そうして後日，たろうくんを見かけると，たろうくんへの自分の気持ちに変化が起きていることに気づかれるはずです。園内でエピソード記述を読み合う楽しさや意義は，このようなところにあるのかもしれません。個人記録を読むよりも，おそらく興味深いはずです。そこが大事なのではないでしょうか。

第4章
実習ノートとエピソード記述

第4章　実習ノートとエピソード記述

本章では，まず学生さんの実習ノート，次に育児休業から復帰したアカンパニの保育者の書いたエピソード記述とそれを資料とするカンファレンス（記述を読み合うこと）の記録を取りあげます。そして最後は，本書のベースとなった勉強会に参加してくれていた横川さんのエピソード記述を取りあげて，エピソード記述とは何かをおさらいしたいと思います。

第1節　実習ノートを読む

　岩屋こども園アカンパニが実習生を受け入れる場合，初日は1日の流れを詳しく記録してもらいますが，特に養成機関からの指定がなければ，2日目からは日々の保育で心に残ったことをエピソードにまとめてもらっています。ところが，目に見えることは書かれていても目には見えない子どもの気持ちや思いを捉えた記録はあまり目にすることがありません。実習生が自分の気持ちや思いを書くことが少なく，言葉かけ，かかわり方，準備の段取りなどに関する反省が目立ちます。そのようなことを保育者に必要な技量だと考えるのか，それを現場にいる先輩から指導してもらうことが実習だと思っている人が多くいます。このような実習の実態が契機となったのかどうかはわかりませんが，エピソード記述を指導し，実習の記録をエピソード記述で書くことを求める養成機関がぽつぽつと目につくようになりました。ところが，少なくとも私が知る限りではエピソード記録ではあるかもしれませんが，エピソード記述とはいい難い内容のものが多いように思うのです。

　実習生には，時間も忘れて子どもと遊んで，ふと我にかえると"楽しかったね"と子どもと笑い合うような経験をいっぱいしてくれることが一番だと考えています。ところが指示されたことは無難にこなすけれども，せっかくの子どもからのお誘いに，思う存分遊び込むことをしない学生さんは心配になります。次に取りあげる実習記録も，エピソード記述の講義を受け，エピソード記述で

実習ノートを書くように指導された学生さんが書いたものですが，やはりどこか，子どもと距離をおいて観察することが実習だと指導されているように感じてしまいました。

> **タイトル　なし**
>
> 〈背景〉
> 　登園した子から外や室内で自由に思い思いの遊びをしていました。虫探しをしていた男の子たちと室内に入ろうとすると，室内にいたＡちゃん（４歳児）が「一緒に外で遊ぼう」と声をかけてくれたので砂場で一緒に遊び始めました。遊んでいると裸になった女の子たちが泥んこ遊びをし始め，Ａちゃんの視線は泥んこ遊びへと向きました。
>
> 〈エピソード〉
> 　裸で楽しそうに遊ぶ年長児の友だちを見てＡちゃんは「靴脱いでいい？」と尋ね，裸足になって遊び始めました。Ａちゃんが裸足で遊んでいるとＢちゃん（４歳児）がやってきて「私も裸足になってもいい？」と，一緒に裸足で泥んこ遊びを始めました。しばらくすると，水をかけて楽しむ年長児がうらやましくなったのか「裸になりたい。服を脱いでもいい？」と言い出したので「いいよ」と承諾し，２人は年長児と同じようにバケツに水を汲み，水をかけて遊びだしました。最初は２人で水をかけ合ったり，泥の感触を楽しんだりと泥んこ遊びをしていましたが，ふと気がつくと２人は裸で園庭を走り回っていました。おうちごっこを始めたようです。おうちごっこをしていると，年長児が友だちの足に泥をのせて遊びはじめ，それを見た２人は再び泥んこ遊びへと戻りました。片づけをし着替えると，Ｂちゃんは小さな声で「一緒にお水集めようよ」と声をかけてきました。年長児の真似や手伝いをしたかったようです。なかなかうまく水をすくえず「どうやってやるの？」と苦戦したり，私がすくえているのを見て「スコップ交換して！」と言ってきたり，一生懸命取り組んでいました。Ｂちゃんは「呼ばれるまでやる」と自分のなかで区切りをつけ，保育者に呼ばれると満足そうに室内へ戻りました。
>
> 〈考察〉
> 　「裸になりたい！」「服を脱ぎたい！」と手足を泥まみれにしながら伝えてくる２

> 人は，泥んこ遊びにとても大きな期待感をもっているようでした。友だちが楽しそうに遊んでいる姿や，今まで経験してきた泥んこ遊びの楽しさから，目の前で行われている泥んこ遊びはとても魅力的なものであったのだと考えられます。2人ははしゃぎながら泥んこ遊びをしており，やる前に抱いていた期待感を確実なものにしたのだろうと思いました。しばらくすると，飽きてしまったのかそれとも満足したのか，おうちごっこを始めましたが，もしかしたら泥んこ遊びの延長線上でおうちごっこをしようと2人の間でなったのかもしれません。子どもの集中力や持続力の短さを感じたのとともに，遊びの種類や深さ，子どもの気持ちの変化などさまざまなことを考えることができました。また，Bちゃんは遊び終わった後も年長児の行動に影響を受け，やりたいと伝えてきました。うまくスコップで水をすくえないBちゃんは私のスコップが優れていると感じたのか何度もスコップの交換をしました。このように今日Bちゃんは周りの友だちの行動や物事をいつもよりも魅力的に感じる機会が多かったのではないかと考えます。そして，それらに満足のいくまで取り組むことができたので，Bちゃんの心は満たされたと思います。やりたいことをすべて叶えてあげることは難しいと思いますが，できるだけ多くのやりたいを叶えてあげることで，気持ちに寄り添うことができる，さまざまな経験を一つでも多くすることで，心身ともにのびのびと成長していけるのだろうと考えました。

　この実習ノートを書いたKさんはゼミの先生の勧めでアカンパニに見学に来たのですが，Kさんの訪問の目的は見学だけではありませんでした。実習ノートをエピソード記述で書いたので読んでほしいと，私のコメントも楽しみに訪問されました[*1]。タイトルはありませんが，背景，エピソード，考察に分けてエピソード記述の体裁は整っています。実習ノートとしても簡潔にまとめられていて，実習園や登場人物について何も知らない私にも状況はつかめました。でも私は，何か違うなぁと感じてしまい，読後に少し考えてからKさんに「これはエピソード記録ではあっても，エピソード記述ではないと思います」と正直に伝えました。

　はじめに気になったのは，裸足になり，次に裸になりたいという2人に，

[*1] 実習ノートを資料提供し，カンファレンスにオブザーバーとして参加して，貴重な意見を述べていただいたKさんに，この場をお借りしてお礼申し上げます。

「いいよ」と"承諾"したと書かれたところでした。Ｋさんは"承諾"という言葉に自分の保育観を表現しようとしたわけではないと思いますが、この"承諾"をキーワードにエピソードを読み直すと、「靴脱いでいい？」、「服を脱いでもいい？」と、保育者の承認を求める子どもたちが少し気になりました。でも、〈考察〉の冒頭に、「『裸になりたい！』『服を脱ぎたい！』と手足を泥まみれにしながら伝えてくる２人」と書かれていることや、２人の遊びが「泥んこ遊び」から「おうちごっこ」へ、そして再び「泥んこ遊び」へと展開する描写からは、何をするにも大人の"承諾"を得ないとできないような園ではないことがわかります。ですから、実習園の指導を受けてＫさんが"承諾"という言葉を使ったのではなく、Ｋさんのなかに保育者の子どもに対する姿勢のひとつとして、"承諾"というかたい言葉で表現してしまうような保育観がいつのまにか忍び込んでしまっていたのかもしれません。

　私は、Ｋさんを責めているのではありません。Ｋさんがこのような保育観をもつに至った日本の教育のあり方に異議を唱えたいのです。先生はいつも正しくなければならず、子どもはいつも謙虚に先生から学ばなければならないという窮屈な関係、教える者と教わる者の関係が固定化してしまっていることを疑わない学校教育の弊害が、Ｋさんに"承諾"と書かせてしまっているのではないか、大袈裟ですがそのように感じてしまったのでした。すると、せっかくのＡちゃんの「一緒に外で遊ぼう」のお誘いだったのに、子どもが遊びの展開にのめり込んでいくようには、Ｋさんは子どもと遊んでいないなあと思え、同じ遊びを遊ぶことのなかで、同じ楽しいを楽しむことをしなかったので、この実習ノートがエピソード記述にならないのだと思いました。エピソード記述を可能にする動機が不十分だったのです。養成校の指導者が実習生に客観的に子どもの活動を観察することを求め続ける限り、エピソード記録はかけてもエピソード記述は書けないのではないでしょうか。〈考察〉にも次のような文章が書かれています。

　　このように今日Ｂちゃんは周りの友だちの行動や物事をいつもよりも魅力的に感じ

る機会が多かったのではないかと考えます。そして，それらに満足のいくまで取り組むことができたので，Bちゃんの心は満たされたと思います。

　いつもよりBちゃんは，周りを魅力的に感じ，それに満足いくまで取り組めたので，Bちゃんの心は満たされたと思うとKさんは書いています。子どもの心が育つとき，子どもの心が満たされる経験を子どもがすることは大切です。子どもの心の育ちに，それはおそらく重要なファクターのひとつでしょう。でも，Kさんの心はどうだったのでしょうか。もしもBちゃんとの遊びの展開に没入して，Bちゃんと同じ楽しいを楽しむことをしていたなら，Kさんの心も満たされたはずです。そうなれば，Kさんの楽しいがBちゃんにも伝わり，Bちゃんの心はさらに満たされたのではなかったでしょうか。

　Bちゃんを，Bちゃんの遊びの世界の外側から観察して得られる知見とは異なり，Bちゃんと同質の楽しいを楽しむことは，Bちゃんをわかることです。それは，Bちゃんを外側から観察して得られる情報を寄せ集めた理性的子ども理解"しる"ではなくて，Bちゃんと同じ楽しいを楽しんで感じとれた感性的子ども理解"わかる"なのです。そのようにはわかってもらえなかったBちゃんは，"泥んこもおうちも楽しかったし，Aちゃんもいてくれたよ。でもね，Kさんも一緒に遊んで楽しかったねっていってくれたら，私はもっと楽しかったんだけどなあ"と思っていたのではないでしょうか。そのように私に思わせる場面が，エピソードの最後に書かれた「一緒にお水集めようよ」です。〈考察〉の関連する部分から引用します。

　　　やりたいことをすべて叶えてあげることは難しいと思いますが，できるだけ多くのやりたいを叶えてあげることで，気持ちに寄り添えることができる，さまざまな経験を一つでも多くすることで，心身ともにのびのびと成長していけるのだろうと考えました。

　Kさんは，Bちゃんのやりたいことをすべてではないけれども叶えてあげることができたと思ったようです。叶えてあげたことで「気持ちに寄り添えることができた」のだとも思ったようです。でもBちゃんはやはり，Kさんと一緒

に遊びたかったのだと思います。〈エピソード〉の当該部分を読んでみましょう。

　片づけをし着替えると，Ｂちゃんは小さな声で「一緒にお水集めようよ」と声をかけてきました。年長児の真似や手伝いをしたかったようです。なかなかうまく水をすくえず「どうやってやるの？」と苦戦したり，私がすくえているのを見て「スコップ交換して！」と言ってきたり，一生懸命取り組んでいました。

　Ｂちゃんはなぜ，小さな声だったのでしょう。"承諾"してもらえないかもしれないと思ったのでしょうか。そうではなくてＢちゃんは，私の遊びの世界を外から見ているのじゃなくて，私の遊びの世界に一緒に入って"本当に遊んでよ"と言いたくて，「一緒にお水集めようよ」と，Ｋさんを誘ったのではないでしょうか。〈考察〉にＫさんは，「うまくスコップで水をすくえないＢちゃんは私のスコップが優れていると感じたのか何度もスコップの交換をしました」と書いていますが，何度も交換したのは，何とかしてＫさんの気持ちを自分の遊びの世界に引き入れたかったからなのではないでしょうか。片づけや着替えを終えたにもかかわらずＢちゃんが「小さな声で『一緒にお水集めようよ』」といったのは，「年長児の真似や手伝いをしたかった」のではなく，Ｋさんに実習に来ていることを忘れて，私と遊びの世界に没頭してほしかったからではなかったのでしょうか。Ｂちゃんは，ただ一緒に遊びたかったのではないでしょうか。もしかするとＢちゃんは，Ｋさんのことが好きだったのかもしれないのです。

　概ねこのような"読み"を，私はＫさんに伝えました。Ｋさんはボロボロ泣いてしまいました。私はしまった，言いすぎたと思ったのですが，Ｋさんは意外なことを言ってくれました。「私は，ＡちゃんやＢちゃんに本当に申し訳ないと思います。いまからでもすぐに行って，もう一度２人と遊びたいです」。この言葉を聞いて私は，Ｋさんはきっといい保育者になると思い，それもＫさんに伝えました。

　本書のために資料を整理してみて今は，実習生だったＫさんはＢちゃんのお

誘いを受けて，Kちゃんとお水を集める遊びを本当は楽しんでいたんだろうなと感じています。私は私の読みにこだわるあまり，〈エピソード〉の最後に，「Bちゃんは『呼ばれるまでやる』と自分のなかで区切りをつけ，保育者に呼ばれると満足そうに室内へ戻りました」と書かれていることを見落としていました。ここでのBちゃんの満足は，一緒に遊んだKさんも満足だったから得られた満足のように思えます。2人は一緒が楽しかったはずです。ただ，そのようにKさんが感じたことをKさん自身が語ることがエピソード記述であるのに，そこにブレーキが掛かってしまっていたので，私はKさんの実習ノートをエピソード記述ではなく，記録だと言ったのだと思います。

　さて，Kさんたちが訪問してくれたこの日は，アカンパニの保育者のひとりである中村さんが書いたエピソード記述を資料にカンファレンスが予定されていました。オブザーバーとして参加することも訪問の目的だったKさんたちは，午後の会議に参加しました。すると，中村さんの書いたエピソード「なっちゃんの赤いほっぺ」に描かれていたいくつかの出来事と，育児休暇から職場復帰したばかりの中村さんの不安が，Kさんには強いインパクトを与えることになりました。

第2節　エピソード「なっちゃんの赤いほっぺ」を読む

　アカンパニでは，保育者は1年に1つエピソード記述をまとめてカンファレンスに提出することが義務づけられています。「たった1つでいいのですか？」と尋ねる人もいますし，「義務づけないと書けないのですか？」という質問ももらいますが，それは記述する苦労をしらないからではないでしょうか。エピソード記述として成立していれば，たった1つでも保育観，子ども観を変えてしまうくらいの力がありますし，それほどの濃い中身をもったエピソード記述は，そうそう書けるものではありません。前置きはこのくらいにして，まずは中村さんのエピソード記述を読んでみますが，このエピソードを資料とするカンファレンスの記録も残されていましたので，続けて紹介します。

エピソード　なっちゃんの赤いほっぺ

2015年2月23日
岩屋保育園　中村理保

〈背景〉

　これから私が記述するエピソードは，昨年12月より育児休業から復帰して各クラスの担任が休んだときにフォローに入るフリーという立場で出会ったものである。今回初めてフリーという立場を経験し，あらためて保育のおもしろさ，難しさ，深さを実感している。

〈エピソード〉

　年が明けた1月16日，この日に入ったクラスはさくらんぼぐみ（3・4・5歳の異年齢クラス）。朝，部屋の掃除をしていると登園してきた子や外遊びから帰ってきた子どもたちが私を見て「なんでここにいるの？」「今日はさくらんぼに来たん？」「かずいせんせいが休みやから代わりに来たんやろ？」と話しかけてくれる。私は「そうやねん。よろしくね」と答える。そんな会話から1日が始まった。朝の活動が終わり，給食も食べ終えるといったん体を休めるために休憩の時間がある。3歳の子どもたちはパジャマに着替え布団が敷かれた午睡コーナーへ。4，5歳の子どもたちもしばらく体を休めるため敷物が敷かれた場所で横になりそれぞれに休憩していた。3歳の子どもたちがほとんど寝たので，2人の担任はそれぞれ少しの間，別の用事をするため部屋を出た。私はひとりで部屋を任され，まだ休憩している4，5歳の子どもたちのそばに行き一緒に休憩していた。すると，私の近くでシクシク泣きそうになっている女の子がいた。それはなっちゃん（4歳11か月）だった。そういえば朝の集まりが始まる前もシクシク泣き顔になって担任の先生のそばにいた子だなと思った。

　私はどうしようとちょっと不安になったが，ここには私しかいないので思い切って「どうしたん？　大丈夫？」と話しかけた。なっちゃんは何か話すわけでもなく私が話しかけたことによってさらに泣きたくなったようでシクシク悲しい顔になってしまった。これは困った……と思ったが「こっちで（私のそばで）ゴロンする？」と聞いてみた。すると「うん」と頷き，私のそばにきてくれた。

　私はなっちゃんになぜ泣いているのか，悲しいのか聞き過ぎるともっと悲しくな

ってしまうのではないかとなんとなく感じ，私のそばに来てくれただけでも良かったと思いながらうずくまっているなっちゃんの背中をトントンしていた。周りの子どもたちが静かに休憩するということに我慢できなくなってきて騒がしくなってきた。そろそろ休憩も終わりにし，外に遊びに行こうかなと思い，担任の先生に部屋に戻ってもらって私は起きている子どもたちと外に出かける準備をした。なっちゃんに「一緒にいこっか」と言って手を出すとなっちゃんも「うん」と頷いて手をつないでくれた。外に出るまで私はなっちゃんと手をつなぎながら子どもたちの人数確認をし，一緒に園庭に出た。

　園庭に出るとすぐ「先生おにごっこしよー」と何人かの子どもたちが私を誘いにきてくれる。「いいよー」と私も答える。私がおに役でおにごっこが始まる。なっちゃんと手をつないだままなので私は少しなっちゃんの手を引っ張ってリードしながらみんなを追いかけ始めた。なっちゃんの表情を見ると悲しそうだった顔が少し和らいでいるように感じた。2人で手をつないで誰かにタッチした。私たちはおにではなくなり，今度は逃げた。タッチされまいと2人で必死に逃げた。なっちゃんの色白の顔は冬の寒空を走っているせいでもあるがほっぺが真っ赤になっていて，とてもかわいかった。表情もすっかり変わり高揚した感じでドキドキしているのが伝わってくる。さっきまでのなっちゃんが嘘のようだった。私たち2人1組でタッチされたり，タッチしておにごっこしているうちになっちゃんのほうから「せんせいこっちににげよー」と引っ張って逃げるようになった。なっちゃんがタッチしたい人を一緒に追いかけるようにもなった。しばらくしてまた何人かの子どもたちが私に「よせてー」と言いにやってきた。すかさずなっちゃんが「いいよー」と答える。そのうちなっちゃんと私の手は離れ，別々に走り出しおにごっこを思い切り楽しんだ。

　なっちゃんとせっかく仲良くなれたと思っていたのにあの日以来さくらんぼぐみに入ることがなかったが，2週間後くらいだろうか……。私は別のクラスに入っていて朝の活動時間，園庭にいた。そこへなっちゃんとゆずちゃんが笑いながら園庭からじゃり場へ続く門のところに身を潜めていた。偶然私がそのあたりにいたのが見えたのだろうか，なっちゃんが私に向かって「先生も早く隠れて！」と言って手招きをした。いきなりのお誘いにびっくりしたが，なっちゃんから声をかけてくれたことがとてもうれしくて今までずっと一緒に遊んでいたかのように私も身を潜めてみた。なっちゃんとゆずちゃんは「かずいせんせいにみつかるー！」とドキドキ

しているようだがとても楽しそうに隠れていた。

　そんな一瞬の遊びから私がさくらんぼぐみに入ることはなく，また１週間後……。
　午後の活動でしいのみぐみ（３・４・５歳の異年齢クラス）の子どもたちと私は園庭で遊んでいた。さくらんぼぐみも同じく園庭で遊んでいたがそのなかになっちゃんの姿はなかった。私が園庭のすべり台のところで遊んでいると一人下駄箱のある通用口から園庭に出てくる女の子が見えた。なっちゃんだった。
　私は「あ，なっちゃんだ」と久しぶりに会えてうれしいなーと思ったが遠くから見るなっちゃんの表情は寝起きなのかあまり冴えない。だが，なっちゃんも私の姿を見たように感じた。園庭には担任の先生がいて，私よりも近くで丸太に腰かけていたにもかかわらずまっすぐ私のところへトコトコと歩いてきてくれ，なっちゃんと私は手をつないだ。私は「なっちゃん，久しぶりやなー。一緒に遊ぼう」と言うと「うん」と頷いてくれた。一緒にすべり台をして遊んでいたが，ねねちゃんがゾンビごっこを始め，私めがけて追いかけてくるのでなっちゃんと手をつないで必死になって逃げ回った。最初は私が手を引っ張って逃げていたがそのうちなっちゃんのほうから「こっちに逃げよ」と手をひかれ走り回った。なっちゃんのほっぺはまたほんのり赤くなっていき「楽しい」が伝わってきた。
　なっちゃんとまたゆっくり遊ぶことができてとても楽しい時間だった。

〈考察〉
　今回このエピソードを書きたいと強く思ったのは，フリーとして１月16日に偶然さくらんぼぐみに入り，今まで話したこともなかったなっちゃんとたった１日の，そのなかでも約１時間くらいの出来事で私はなっちゃんのことが大好きになり，もっといっぱい遊びたくなり，もっとなっちゃんのことが知りたくなったことに私自身すごく新鮮な感情が湧いたからです。なっちゃんが泣いているのに気づいたとき，正直「私が声をかけても大丈夫だろうか」という思いのほうが先行してしまいました。なぜならそれは，年度の途中の12月からフリーとして復帰し，各クラス年度末にさしかかり，色んな意味で人間関係が築かれているこの時期，何かもめたわけでもなさそうななっちゃんが泣いている。朝もお母さんと離れて寂しそうに担任の先生のそばにいたし，長い正月明けの久しぶりの登園とも聞いていました。そういえば毎日職員のiPodに送られてくる欠席メールにも度々名前を見かける。そんななっちゃんが休憩中に泣きそうになっている。朝の寂しさが休憩という時間で蘇って

きたのかもしれないが，それならなおさら私では何にもできないのではないだろうか……という気持ちが生まれたからです。だがこのときは私しかいない。だめもとでなっちゃんに話しかけました。しかしながら私の不安は的中しなっちゃんの悲しい気持ちをさらに膨らませてしまいました。でもなっちゃんは私のそばでゴロンと横になることは受け入れてくれました。なぜなのか。今思えば私が近くに座って休憩をし始めて，少ししたら泣きそうになったなっちゃん。もしかしたら気づいてほしいアピールだったのかもしれない。大人のそばにいたかった。私でもよかったのかもしれない。でも，このときの私はここまで考えることはできませんでした。私のほうからそばにいっても良かったのですが，それはそれで身構えてしまう子もいるので，さぐりさぐりでした。しかし今思えばなぜなっちゃんが泣いているのかしっかりと知っておくべきだったのではないかとも考えました。考察をしながらとても反省しました。でもこのときの私は直感ですがこれ以上あれこれ泣いている理由を追究することが正解でないような気がしていました。トントンさせてくれたことで私でも大丈夫かなとほっとし，このまま今はそばにいようと考えていました。

　そして，午後の活動の時間になったので外へ遊びに出ることにしましたが，ここでなっちゃんを1人にしてしまうことはできませんでした。もし私が担任ならこれまでのなっちゃんを見てきているだろうし，朝の様子やなっちゃんの性格，そしてこれからのなっちゃんへの願いや期待など，いろいろな思いがあり，場合によってはその思いから「もう大丈夫」と判断して，なっちゃんと離れて外へ遊びにいくという切り替えも選択できたかもしれません。しかしなっちゃんと私にはその土台もありませんし，今までのなっちゃんも知りません。せっかく今日初めて話をして，そばにきてくれたのに一度くっついたからには離れてはいけないような気がしたからです。だから廊下に並んで人数確認をするときも，園庭に出るときもなっちゃんとはあえて手をつないだままにしたのです。今思えば手をつないだままにすることで「大丈夫，先生（私）はなっちゃんからの（心の）ボールをちゃんと受け取ったよ！　その場限りにしないよ」と私からもなっちゃんへのメッセージを込めていたように思います。

　園庭でおにごっこが始まりました。なっちゃんの意思を確認せず二人三脚のように始めてしまいましたが，一緒に走りまわっていくうちに，なっちゃんの色白のほっぺが少しずつ赤くなるとともに楽しそうな表情に変わっていきました。半ば強引に始まったので心配していましたが，次第になっちゃんがリードしていく様子をみて，おにごっこや体を使って遊ぶことが好きなんだな，大丈夫だったと私の緊張も

ほぐれていったように思います。そして最後には真っ赤なほっぺで友だちにはっきりと発言するなっちゃんから「楽しい」が伝わってきました。さっきまで泣いていたけれど笑顔になって本当に良かったと思いました。いっぱい走って，いっぱい笑い私もとても楽しいおにごっこでした。私はまだまだなっちゃんのことは知らないし，なっちゃんも私のことは知らないけれど，今日のことが必ず次なっちゃんとかかわるときの糧になるだろうという確信をもちました。けれどフリーという立場上，また明日なっちゃんと遊べるかどうかはわかりません。確信は私のなかであったとしても次につながる次がいつやってくるのか寂しいところでもあり，なんだかどきどきもしていました。現実はそんなもので「なっちゃんとまた遊びたいなー」と思っているとなかなかさくらんぼぐみに入る日はやってきませんでした。でもなんと園庭でなっちゃんから声をかけてもらえました！ しかも「先生も早く隠れて！」と。私は声をかけてくれたこともうれしかったのですが，なっちゃんが言った「先生も」という一声がすごく心に残りました。この日は私は別のクラスに入っていて園庭にいたのに，今まで一緒に遊んでいたかのように私を見かけて声をかけてくれました。2週間も前に遊んだときにタイムスリップしたかのように，なっちゃんから私をあのときに戻してくれました。この出来事はあの日一緒に遊んだときに感じた確信は私だけが感じていたものではなかったという確信にも変わりました。そのことでさらになっちゃんが大好きになりました。

　そしてまた時間が経ち1週間後。

　園庭になっちゃんが出てきてお互いの存在に気づいてなっちゃんが私のところへきてくれたとき，また一緒に遊びたいというお互いの思いは一緒だったのかなと思いました。このときも私は別のクラスに入っていたのに，担任の先生よりも私のところへきてくれたこと。それは，いつも担任の先生の代わりに入るフリーの先生ではなくて中村理保，私自身に会いにきてくれた証のように感じ，本当にうれしい瞬間でした。そして，「一緒に遊ぼう」と私が言って手をつないだときの気持ち，初めて一緒に遊んだときの気持ちにまたタイムスリップしたようでした。そしてねねちゃんゾンビから逃げ回って一緒に走ったときに感じた風は初めて一緒に走ったときよりさらに心地よく楽しい時間でした。

　今年度フリーとして毎日を過ごし，私自身すごく新鮮でもあり難しくもあり，勉強させてもらえた時間でした。毎日別のクラスに入るので，一人ひとりを知ることから始まり，少しでもかかわりをもつことができたらその子の「今」に真摯に向き合うことでその日限りにならないよう，次につながるようにしたいと緊張感をもっ

> て過ごすことができました。けれどやはりフリーという立場は子どもたちと仲良くはなれても，深く気持ちがつながるというところまではなかなか感じることが難しく，「毎日をともに過ごしていく」ということがどれだけ大切なのかということをひしひしと感じました。けれど今回のこのエピソードでは私自身がフリーという役目の難しさに直面しているときだったので，なっちゃんとつながれたと感じることができたことが本当にうれしく，私自身の存在を認めてもらえたような自信をもらえた気がしてなりません。ともに過ごしてきた毎日の重みにかなわないこともあるけれど，それでも大事なことは一人ひとりの子どもたちの「今」に真摯に向き合うこと，どんな立場であっても関係ないのだと思いました。むしろ，フリーという担任でない存在だからこそ見えたことも多いので本当に貴重な毎日でした。
> 　昨日遊んだ子どもたちと今日は遊べないかもしれない。毎日会えないからこそ感じる感情や毎日会わないので目に見えてわかる成長の驚き，クラスの壁を越えてかかわれる楽しさ，毎日が新鮮でわくわく，どきどき，試行錯誤の日々でした。難しさもたくさんありましたが，こんな貴重な経験ができて私自身とても勉強になりました。このことをステップにして，これからも毎日を大切に過ごしていきたいと思います。

　続けてカンファレンスの記録を見ていきます。発言内容が重複する学生さんのコメントや，参加者のコメントも一部割愛したり，要約したりしていますが，実際は約1時間のカンファレンスでした。

室田　じゃあ，いつものように座席順でお願いします。
数井　とても読みやすくて，いいエピソードでした。僕はフリーの経験はありませんが，異年齢クラスの担任のひとりとしてなっちゃんと一緒に過ごしているので，フリーの人よりもよくわかっているつもりだけど，それだけに背中を押してみたり，ちょっと待ってみたりと，駆け引きがあったりするのですが，中村先生がゼロから関係をつくってくれたことはなっちゃんにとってとてもよかったと思っています。
　この時期，園で何か嫌なことがあったのか，お母さんに聞いてみたのですが，正月休みが長かったことと節分の鬼が怖かったことが原因かもしれませんとの

ことでした。たしかに節分が終わってなっちゃんは変われたのですが，このエピソードのこと，中村先生と仲良しになれたことも影響したと思っています。

　海江田　なっちゃんへの気持ちがずっと続いていることがいいなと思いました。(中略)"その場限りにしないよ"という中村先生の気持ちがなっちゃんにしっかり伝わって，それがあっての2週間後だったのではないかと……。

　フリーでなかなか会えなくても，子どもと保育者の気持ちは，担任であるかないかを超えてつながり合えるのではないか。保育はやっぱり人と人，心と心だとあらためて感じました。もっと仲良くなりたいのに，そこでぷつっと切れる寂しさもありますが，たくさんの"はじめまして"をすることで，たくさんの子どもと仲良くなったり，自分自身のことを知ってもらったりすることもできます。私も短い期間でしたが，フリーはフリーとしておもしろく，勉強にもなりました。

　主任　子どもはフリーの先生の役割を知っていて，その特別感を楽しんでくれているのではないでしょうか。フリーの先生が来るたびに，一人ひとり違うキャラクターと出会い，その出会いを楽しみにしてくれているように思います。

　エピソードでは，「なんとなく感じ」とか，「感じた」といった言葉が使われていますが，感じることは大事だと思います。なっちゃんとあえて手をつないだままにしましたが，ここも直感ですよね。でもそれは適当にしたのではなくて，一人ひとりの子どもの今に真摯に向き合うことがそうさせているので，この直感はいい加減なものではないと思いました。

　私にはつながった手が目に浮かび，それが続くのをドキドキしながら読みました。どうかこの手を離しませんようにという私の願いが叶えられて，うれしかったです。

　先生と一緒が楽しいを経験したことで，2週間も経っているのになっちゃんの心のなかには中村先生がいました。それは，かくれんぼのときもゾンビのときも，どちらもなっちゃんからのアプローチになっていることからもわかると思うのです。それはまた，なっちゃんが中村先生のことを大好きになっていることも伝えていると思いました。

星山　ほんとに素敵なエピソードでした。なかでも私は，鬼ごっこを楽しんでから2週間後の「先生も早く隠れて！」のさらに1週間後，「寝起きなのかあまり冴えない」顔で園庭に出てきて，担任をスルーして，「まっすぐ私のところへトコトコと歩いてきてくれ，なっちゃんと私は手をつないだ」というところが，すごいなあと思いました。そこには言葉は必要なく，ぎゅっと手をつないでいて，もしも私が担任だったら，きっとやきもちをやいたと思います。

　中村先生には，私のクラスにもフリーで入ってもらうことがあるのですが，考察の最後に書かれている「真摯に向き合う」という姿勢を私も中村先生に感じています。担任として毎日いると，子どもたちに対して凝り固まった見方をしてしまうこともあるのですが，中村先生が何気なく子どものことを話してくださることで，その凝り固まった私の子ども観がほぐされることがよくあります。本当に子どもに向かう気持ちが温かいと思うんです。

中村　ありがとうございます。なっちゃんが浮かない顔で園庭に出てきたとき，お互いに気づいたと思います。私は，担任の先生のところへ行くかなぁと一瞬思ったのですが，すーっと私のところにきてくれました。なんかやっぱりなっちゃんとつながっているなと思いました。

室田　私がいいなぁと思ったところはやはり，なっちゃんが「先生早く隠れて！」といって手招きしたところです。まるで今まで一緒に遊んでいたみたいに，見つけた瞬間に遊びに誘いこんでくれる。ここが印象的でした。

中村　最初の休憩の時間で仲良くなれたのは心に残っていたのですが，なっちゃんの私への気持ちに気づけたのはこのときでした。この場面があったから，このエピソードを書きました。書いてみて，さらにいろいろなことに気づくことができて，ここまで記述が膨らみました。

学生Sさん　今まで書いたものや，学校で習ったこととまったく違っていました。それから，実習に行ったときの私の不安になった気持ちと同じ気持ちをもたれていることにとても驚きました。

　ほっぺの色で高揚する感じ，ドキドキする感じが伝わり，私もうれしい気持ちになりましたが，情景が浮かぶことがエピソード記述では本当に大事なんだ

と思いました。

　室田　今までのと違いますか？

　学生Sさん　はい。考察には理論を交えなさいと言われて……。楽しいものではないなと思っていたので随分違いました。中村先生のエピソードはとても楽しかったし，引き込まれました。

　学生Tさん　私は，実習ではただ時系列にあったことを並べただけの記録を書いていました。学校でエピソード記述は習ったのですが，なんだかキチキチしていたんです。でも，今日のは丸くて，楽しくて，先生が感じたことを私も共感できてうれしかったです。

　泣いているなっちゃんに，なんで泣いているのかを聞かないところがすごいと思いました。聞いてしまうとなっちゃんがもっと悲しくなってしまうことを考えておられ，私なら，泣いている子をみれば"どうしたの？"と聞いてしまうと思います。

　M氏[*2]　読んで温かい気持ちになれました。手と手だけが頭のなかに浮かんできて，それがどうなっていくのかなと想像しながら……。手と手の関係だけで関係の変化が表現されていて，それも自分が期待するように変化していって，そこのところですね，やはり。

　このみなさんの話し合いがよかったです。やっぱり現場っていいなって。ありがとうございました。

　Kさん　みなさんがおっしゃったように，情景が本当に目に浮かぶエピソード記述でした。それから，保育って，共感し合うことが大事なんだということもよくわかりました。私は自分の気持ちを言葉や文字で表現することが苦手なんですが，このようにして保育について話し合う，伝え合うことがいいな，大切だなとも思いました。（ぽろぽろ泣きながら）今日来れて，本当によかったなって……。

　室田　そう言ってもらえてよかったです。

　　＊2　エピソード記述の講義や実習指導の担当者ではないですが，ゼミの学生さんを誘って見学に来られた筆者の友人。

第4章　実習ノートとエピソード記述

　あのね，Kさん。このようなことを15年近く続けてるんです。常勤の保育者が25名以上いて，1人1つのエピソード記述が義務づけられているので，1年に25以上のエピソードをこうして読み合ってきたんです。本当に数百のエピソード記述が書かれ，読み合われてきたんだけど，環境構成がまずかったとか，言葉かけが良くなかったとか，発達から見ればどうだとか，そういったつまらないことをいう人はひとりもいなかったのです。今日もそうだったでしょ。たいていは"子どもってすごいね"で終わるんです。だから結局はよく似たことを書いて話しているんだけど，やはり保育の場で他の誰でもないその子のことを，他の誰でもないその人が書くので，似たような出来事であっても，飽きないし，話すテーマがちゃんと出てくるんですよね。岩屋の人たちはエピソード記述を「大変だけど，おもしろい，やめてはダメだ」と言うんです。だったら義務づけたりするのは止めて，誰かが書いたときにカンファレンスをもとうかというと，それじゃあ誰も書かないっていうんですよね。ということはやっぱり，エピソード記述は大変なんですよ。たぶん何日もかけて，何度も何度もリライトして仕上げてくるんですよね。でもそのリライトという作業は，ただ誤字脱字を訂正したり，読みにくいところを直したりするだけではなくて，考える作業なんですよね。だからしんどいし，強制されないとできないんです。その苦労があるから，今日のように岩屋のことやなっちゃんのことを知らない人に読んでもらっても，共感してもらえる，保育っていいなって思ってもらえるんだと思います。また，書き手の立場から言えば，考えることで自身の保育をふり返り，そこに保育の意味，子どもが育つ意味，自分が子どものそばにいることの意味を見いだすんです。

　たとえば，中村さんのエピソードにはいくつか魅力的な表現がでてきましたが，「その場限りにしない」というのもそうですね。なっちゃんへの自分の気持ちをどう書けば読み手に伝わるのか，わかってもらえるのかと考えて，おそらく中村さんは四苦八苦してこの言葉を探しだしたんだと思うんです。あるいは，ふと「その場限りにしない」が浮かんだのかもしれません。そこで「あっ，いいな」と思っても，その場限りにしないというなら，その場限りにする保育

117

ってなんだろう，今まで自分はどうしてきたんだろう，しょせんフリーは，1日の単位で見たら，その場限りじゃないのかといった問いを自らに問うことになります。なっちゃんと〈すき―すき〉の関係が築けたことで，たとえはじめましてから次の出会いまで長い時間が過ぎても，それを超えて〈すき―すき〉の関係が持続することもあることをなっちゃんに教わったんだ，そのきっかけになったのが「その場限りにしない」なんだ，いつの間にか離れるまでなっちゃんと手をつなぎ続けることなんだと，中村さんは考え抜いたから，このようなエピソード記述にまとめることができたんでしょうね。

　どこかの偉い先生がこういっていたとか，専門書にこう書いてあったからなどと引用して考察をすることを岩屋の人たちは誰もしません。勉強してないからそもそもできないということもあるかもしれませんが，それなら勉強しなくて本当によかったと思います。知識がないので，自分の言葉で考えて，自分の言葉で書くよりないのです。それはとてもつらい作業です。何度も諦めて他のエピソードにしようかと迷うのです。でも，そこをぐっと堪えて頑張れば，「その場限りにしない」を捻りだすことができ，それをキーワードに考察を深めることができるのです。

　Kさんね，いま，保育の質ってよく聞くでしょう。もしもKさんも保育者になって保育の質を高めたいと思ったら，自分が体験したことを通して自分の保育を考えるしかないと思うんです。保育の質は保育者の質に左右されるんです。だからこそ，岩屋はエピソード記述しかないと思っているんです。今日も，これだけの内容をパッと読んで，これだけの議論をしてますよね。それができるってことは，この人たちは日々の保育のなかで，子どもを目の前にしたときに，そのように実践しているっていうことだと思うんです。

　もう少し言うと，子どもや保育者の気持ちは，目に見えないでしょう。だから，体験した人自身が語ってくれるしかないんです。たとえば，この私の右手が中村先生の手で，左手がなっちゃんの手だとするよね。エピソードでは，最初この右手がリードするんだけど，遊びに没入してくると，楽しくなってくると今度は左手がリードしましたよね。こうして引っ張り合っていればわかるか

もしれないけれど，鬼ごっこに興じている2人は同じ方を向いて走っているので，どちらがリードしているかは見ているものにはわからないよね。だから，右手から，すなわち中村さんから聞くしかなくて，聞いてみればそれは，保育にとってとても重要な意味をもってたよね。M先生（M氏）も，主任も指摘したように，このエピソードを読んでまず目に浮かぶのは，そしていつまでも残るのは，このつながれた2人の手でしょ。

このように，"子どもをわかる"のに一番大切な子どもの気持ちや思いの変化，子どもの目に見える行動の裏で必ず働いている子どもの気持ちや思い，それは当事者でしかわからないし，それを伝えることは子どもにはできないので，日々の保育の場を子どもとともに生きる保育者に教えてもらうよりないんですよね。ところがたとえ研究室に閉じこもらずフィールドワークを重視する研究者であっても，子どもと〈すき—すき〉の関係になれるまで保育実践にのめり込まない限り当事者ではないし，もしものめり込めたとしても，エピソード記述という方法論をもたなければ，それを研究の俎上にのせることはできないんです。しかも，自然科学は実験したり，統計を取ったりして証拠があるもの，対象化することができるものだけしか科学として認めませんから，今日の中村さんのように「なんとなく感じた」なんていうことは，まったく相手にされなかったのです。第三者的に保育を観察し，対象化した範囲でしか保育を考えない研究者たちが指導し，園長や主任といった指導的立場の人たちもそれを信じ込んできましたから，実習ノートや保育記録が時系列の出来事の羅列に終わってしまっているのです。エピソード記述と言いながら，中村さんのように読み手の胸を打ち，共感を呼ぶことがないのです。

もう最後にしますが，岩屋の人たちはみんなが知っている岩屋の子どもたちが描かれたエピソード記述に感動し，共感してきましたから，保育で何を大切にするかを共有することができるようになったのです。保育の方針や目標を紙に書いて職員室に貼り出さなくても，保育の場に立てば，子どもと向かい合えば，その子から教わり，その子に良かれと思う判断をして，その日を過ごします。その判断の基準になるものを，エピソードを記述し，読み合うことで深め

合い共有しているのです。1つの園としてこれほど強いことはないと思います。きっと今日このテーブルを囲んだ人が明日どこかでなっちゃんに会ったら，「あっ，なっちゃんや！」と思うんですよね。他のどこでもないここで，他の誰でもないなっちゃんに他の誰でもない自分が出会うんです。そうして岩屋は，自分たちの保育観，子ども観を時間をかけて熟成させているんです。

　中村（最後の感想）　みなさん，ありがとうございました。（少しの間）
　フリーは緊張感をもっていないと，毎日がなんとなく過ぎてしまい，それに流されるような気がしていました。担任の先生のフォローで終わりたくなくて，私は私自身やし，せっかく特別感をもってくれる子どもに，担任の先生の代わりやろと思われたくなくて……。気になる子に私なりにかかわろうとしても，お店閉めるみたいにガラガラってされてしまうことがあったりして，フリーの難しさに悩んでいたときに，このなっちゃんとのことがあって……。それから，フリーとか思ってたらあかんわと思って，いま目の前にいる子どもに真剣に向き合うことが大事なんやと思えるようになって，そうなると，なんか楽しくなってきて……。
　確かに，担任だとみんなと関係が深まったり，たとえば発表会のようにみんなでつくりあげていく喜びがあったりするけど，フリーでも，私だけが知っているということの大切さもあるなと，なっちゃんから自信をもらって。もしも私が気になる子がいれば，私から行けばいいんやというような，そういうふうに思わせてくれたエピソードで。もちろんなっちゃんと仲良くなれたことがうれしかったエピソードだったんですが，フリーのことを勉強したエピソードでもありました。
　なっちゃんは，たまに朝さくらんぼに入ると，いまでも来てくれて，まだ誰とも約束なんかしてないのに，まるで私に先約があるみたいに「今日給食一緒に食べたかったなぁ」と言うのですが，それを聞いて私は，もっと自信をもったらいいんやでって。実はクラス替えで来年度はなっちゃんと一緒のクラスになれたので，いまからとても楽しみです。
　今日は本当にありがとうございました。

第3節　複数の"読み"の可能性

　本章の第1節で，Kさんの実習ノートに記録されていたBちゃんの「一緒にお水集めようよ」について，KさんはBちゃんが年長児の真似や手伝いがしたかったのでこのように発言したのだと書いていることに対して，私は，Bちゃんは好きになったKさんともっと一緒に遊びたかったので，このようなお誘いをしたのではないかと書きました。この私の"読み"について，本当にそうだろうか，その場にいたKさんが言うのだから，やはり年長児の真似や手伝いがしたかったと捉えるほうが素直じゃないか，と思われた人もいたかもしれません。でも私は，繰り返しになりますが，Bちゃんが片づけや着替えを済ませていたこと，小さい声で言ったこと，何度もスコップを交換したことから，Bちゃんは好きになったKさんともっと一緒に遊びたい気持ちを「一緒にお水集めようよ」に込めたのではないかと思ったのです。しかし，それはKさんの思いを否定するものではありません。Kさんの"読み"に，"そうかな？"と問いを立ててみて，私はこの"読み"にたどり着きました。こうして複数の"読み"の可能性を探ることは，エピソード記述の考察や，記述を資料とするカンファレンスでは大切にされなければなりません。しかし何度も言うように，それは実際の保育実践や書き手の考察を否定するものではないのです。このルールともいうべきものを守らないとカンファレンスの場は保育批判になりかねず，カンファレンスのみならずエピソード記述そのものまで継続されなくなる場合もあるのです。

　次に紹介するエピソード「言葉にならない」を本書に掲載するにあたり，書き手の横川さんに下書きを送り内容確認をお願いしたところ，横川さんから手紙を頂きました。その往復書簡もやはり，複数の"読み"の可能性を探る経過をたどりました。

（1） 考察の考察から出てきた書き手の思いとの"ズレ"

　子どもが，やりたいことを自分で見つけて遊びこめるようにと保育室に複数の小さな遊び場を用意することを一般的にコーナー保育と言いますが，エピソード「言葉にならない」を書いた横川さんは電車博士のさとるくんが喜んでくれればと，ダンボールを使って電車づくりに取り組むコーナーを保育室の一角に設けました。横川さんのアイデアは見事に的中して，さとるくんはすっかり電車づくりの虜になりました。保育者のわくわくと子どものわくわくが共振する小さな遊び場に，読み手も思わず引き込まれます。でも，エピソード記述として少しいじわるく読むと，批判的なアンダーラインを引いてしまうところもありました。

エピソード　言葉にならない

2013年10月25日
横川未穂

〈背景〉
　さとるくん（3歳11か月）は妹（1歳4か月）と2人兄妹である。園では，保育士の膝の上に座ったり，背中によりかかったりと甘えに来る姿が見られていた。また，子ども同士のかかわりでは，他児の意見に合わせることが多いが，仲の良いお友だちに対しては思いを突き通そうとする姿が見られていた。
　電車が大好きで，休日には電車に乗って家族で出かけたり，電車の絵本を見ながら種類や駅名など電車に関することを教えてくれたりするなど，さとるくんは誰もが認める電車博士であった。
　そんななか，3歳以上児クラス（異年齢保育）では，ダンボールを使った製作コーナーを設定することに決まり，私も"3歳児の子どもたちと簡単につくれて，遊べるものはないかな？"と考えていた。そこで，目に飛び込んできたのが，電車好きのさとるくんの姿だった。"よし，さとるくんと電車をつくってみよう！"と考え，さっそくさとるくんの近くに行き，遊びに誘いかけた。

〈エピソード〉
　私が，さとるくんに「先生と段ボールで電車，つくろうよ！」と声をかけると，

第4章　実習ノートとエピソード記述

初めは意味がわからなかったのか，きょとんとした表情で私を見ていた。"いきなりでわからなかったのかな？　そうだ！　実際の画像を見せたら想像できるかも"と考えた私は，教室にある iPad をもっていき「好きな電車何？」と尋ねた。さとるくんは，少し考え「ドクターイエロー！（新幹線）」と得意そうな顔で答えてくれた。"さとるくんはどんな電車が好きなのかな"とドキドキしながら待っていた私は，生き生きとした表情で返事が返ってきてうれしくなった。しかし，"ドクターイエロー……？"。電車のことなどまったくわからない私は，さっそく検索して電車の画像を出してみることにした。画面をのぞきこむように電車の写真が出てくるのを待っているさとるくんが，画面いっぱいにドクターイエローの写真が映し出されると，興奮した様子で「ドクターイエロー！　かっこいいでしょ‼」と言った。

　私は，大きなダンボールを電車の形に組み立てて，「ここは何色かな？」とさとるくんに聞きながら，電車をつくり始めた。つくっていくうちにさとるくんから「ドクターイエローってね，すっごいはやいの！」と電車の話や，楽しそうにつくっている様子を見て他の子どもたちも興味を示すように集まってきた。そこへ，さとるくんと仲の良いけいごくん（4歳0か月）がやってきて「けいごも，絵の具したい！」と言い，さとるくんの横に行き，黄色の絵の具で一緒に塗り始めた。「ここ，きいろ！　はみ出したらだめやからね！　そーっとぬるの」と自信満々で教えるさとるくん。そんな，さとるくんのたくましい姿を見ながら私も"できあがったら，さとるくんが運転士か……"と考えるようになり，完成がとても楽しみになっていた。

　しかし，私にはもう一つ楽しみにしていることがあった。それは以前，「園に運転士の帽子がある」と聞いて預かっていた帽子を，かぶせてあげることだった。つくり始めてから3日が経ち，"この日で青色の模様を塗って乾いたら完成"という段階だったが，早くさとるくんにその帽子を渡したくて，楽しみで楽しみで仕方がなかった。電車のそばで"早く乾かないかな"と，できあがりが待ち遠しい様子で待っているさとるくん。そんな姿を見て，私は我慢ができず「さとるくん，帽子あるよ」と声をかけに行った。

　"さとるくんは，どんな顔して喜ぶのかな？　やったー！　って飛び跳ねるのかな"とさとるくんの反応を想像しながら近くに来るのを待っていた。私の目の前に来て，"どうして呼ばれたのかな"と不思議そうな顔を見せるさとるくん。私は，後ろに隠しもっていた帽子を「はい，どうぞ！」と見せ手渡す。しかし，さとるくんは「……」受け取ろうとしなかった。そのときのさとるくんは，うれしさを我慢

するかのように，親指を少し噛み，上目づかいで私のことを見て"え，いいの？"と今にも声が漏れそうなくらいに驚いて動かなかった。"うれしかったんだ"と，私は答えをわかっていながら「いらないの？」と声をかけてみた。すると，照れくさそうに咥えていないもう片方の手をのばしたので，私は，そっと頭にかぶせてあげた。お友だちは，その帽子に興味をもって近づいてきたが，さとるくんは気にする様子もなく，うれしそうにしながら真っ先に電車のもとへと戻って行った。そんなさとるくんを見て「もう，遊んでもいいよ」と再び声をかけると，まだ半乾きのダンボール電車に乗り運転士になって遊び始めた。

〈考察〉
　電車をつくっていくなかで，初めは私のほうから「お昼寝終わったら，ドクターイエローつくろうね」と誘っていたが，日が経つにつれてさとるくんが朝，楽しみに園へ来てくれているのが私にもわかるくらいになると，さとるくんのほうから，「今日も，ドクターイエローつくろう！」と誘いかけてくれるようになっていった。それはもしかすると，大きな電車を自分の手でつくり，形になっていくうちに，いつのまにか本当の新幹線をつくっている人になった気分でいたのかもしれないと思う。
　普段の保育のなかでは甘える姿が多いさとるくんが，自分のもっている知識を発揮して「ここ，きいろ！　はみ出したらだめやからね！　そーっとぬるの」などと，リードをとることができるのだと新たな一面を知り，成長を感じた。
　今回，ダンボール電車をつくり，さとるくんが運転士になって乗ることで，さとるくんの夢が実現に近い形となったが，"家族と運転士体験をするのではなく，園のダンボールでさとるくんの夢が満足してしまったらどうしよう"という思いがなぜか私のなかに少しあった。しかし，運転士の帽子を手渡したとき，自分の想像とは違ったはにかむ表情をみて驚いたと同時に，心から「良かったね」と思うことができた。
　また，最近では「北陸新幹線の運転士になるの！」と夢を話してくれた。今後も，さとるくんの電車への熱い思いを大切にしながら北陸新幹線の運転士になる夢を近くで応援していきたいと思う。

　ドクターイエローの完成も間近のさとるくんを描写して横川さんは，「できあがりが待ち遠しい様子で待っているさとるくん」と書いた後に，「そんな姿

を見て、私は我慢ができず『さとるくん、帽子あるよ』と声をかけに行った」と続けています。さとるくんよりも横川さんのほうがずっと待ち遠しかったのではと言いたくなるほど、横川さんのわくわくしている気持ちが伝わってきます。それは運転士さんの帽子をさとるくんに見せて驚く顔、喜ぶ顔が見たいという思惑があったからでもありました。

　人が期待に胸膨らませる、心躍らせる様子は、周りの人も楽しい気持ちにさせてくれます。横川さんのわくわく感＝期待感は、自分の提案をさとるくんはきっと喜んでくれるに違いないというものですし、その横川さんのわくわく感＝期待感に誘い込まれたさとるくんも、製作が始まってからの3日間、すっかりドクターイエローづくりに没入して、「日が経つにつれてさとるくんが朝、楽しみに園へ来てくれているのが私にもわかるくらいだった」と横川さんは書いています。

　横川さんが提案したダンボールの電車づくりは、ややもすると"させる保育"になる場合もあると思うのですが、あまりそのような印象を受けないのは、横川さんがたださとるくんの喜ぶ顔がみたいとしか思っていないことが読み手に伝わるからではないでしょうか。この保育によってさとるくんに何か力をつけさせたいであるとか、何かを教えたい、知識を増やしてやりたいといった気持ちが感じられないところに、このエピソードの爽快感があります。

　はじめは横川さんのわくわくが先行していましたが、いつか横川さんのわくわくにさとるくんのわくわくが共振して、2人が同じわくわくをわくわくするようになりました。このように、子どもと保育者が同じ遊びを遊んで、同じ楽しかったねを楽しむような機会は保育の場にしばしば訪れますが、私はそのときこそ、保育者が子どものことをわかったときだと思うのです。ここ最近、保育の質の議論が高まり、保育の質の向上には保育者の子ども理解が不可欠だといったことをよく耳にしますが、そのようにして取りあげられる"子ども理解"と、横川さんがさとるくんと同じわくわくをわくわくした喜びや楽しさから得られた"子どもをわかる"は違うと思うのです。たとえば、横川さんが書いた〈背景〉の冒頭の段落は、一般的に言われている"子ども理解"のよくあ

る例です。

　さとるくん（3歳11か月）は妹（1歳4か月）と2人兄弟である。園では，保育士の膝の上に座ったり，背中によりかかったりと甘えに来る姿が見られていた。また，子ども同士のかかわりでは，他児の意見に合わせることが多いが，仲の良いお友だちに対しては思いを突き通そうとする姿が見られていた。

　この段落には，年月齢や兄弟のことに続いて，園での様子が保育者とのかかわりと子ども同士のかかわりに分けて記されており，保育者が子どものことをどのように観察しているかがわかります。私にはこのような記録は，"子ども理解"であって，"子どもをわかる"ではないと思えます。そこで，"子どもをわかる"とはどのようなことをいうのかという視点で横川さんの記述を読むと，この部分とは違ったところに目が止まります。すでに引用したところですが，できあがりが待ち遠しいさとるくんの姿を見て，「私（横川さん）は我慢ができず『さとるくん，帽子あるよ』と声をかけに行った」ところや，電車づくりが楽しくなったさとるくんが，「楽しみに園へ来てくれているのが私（横川さん）にもわかる」といった記述に，横川さんがさとるくんの気持ちを好意的，共感的に受け止めていることを感じとることができます。このようにわかることが，"子どもをわかる"だと思うのです。こうした"子ども理解"と"子どもをわかる"の違いを踏まえ，あらためてエピソード「言葉にならない」を読み返すと，保育者の冷静な目で書こうとした部分は"子ども理解"になっており，保育者であることをときに忘れてさとるくんとドクターイエローを楽しんだ部分は"子どもをわかる"になっていると思います。

　"子ども理解"として書かれているもうひとつの例が〈考察〉にあります。

　普段の保育のなかでは甘える姿が多いさとるくんが，自分のもっている知識を発揮

＊3　ここでは，「子ども理解」と「子どもをわかる」の違いとして議論していますが，その後，原稿を書き進める間に，この2つのキーワードは「理性的子ども理解＝"しる"」と「感性的子ども理解＝"わかる"」に整理して，子ども理解の2つの側面であるとしています（本書第1章参照）。横川さんへ送った下書きとその後の手紙のやりとりまでは，この整理以前に書かれていますので，そのままにしています。

して「ここ，きいろ！　はみ出したらだめやからね！　そーっとぬるの」などと，リードをとることができるのだと新たな一面を知り，成長を感じた。

　甘える姿が多いさとるくんが仲間をリードできたことに注目して，それをさとるくんの成長と捉えているところにやはり，できないことができるようになることは保育の成果だとするような保育観に基づく"子ども理解"が顔を出しているように思われます。一方，能力発達に力点を置く視点からではなく，さとるくんの発言，「ここ，きいろ！　はみ出したらだめやからね！　そーっとぬるの」を，ここまでさとるくんとわくわくを共有してきた横川さんの気持ちになって読んでみれば，どれほどドクターイエローが好きで大切に思っているかを懸命に伝えようとしていてかわいいなと思えるのではないでしょうか。横川さんも保育者のスモックを脱いで自分の気持ちに素直になれれば，「リードをとることができるのだ」というような表現はしなかったのではないでしょうか。
　仲間をリードしているという視点は，"子ども理解"の視点ですが，かわいいなは，"子どもをわかる"の温もりのある視線です。そして，なぜ私はかわいいなと感じたのだろうという問いを横川さんが問うことが，エピソードを考察することなのです。
　自園の話題で恐縮ですが，昨年度の行政監査で岩屋保育園（当時）の保育日誌に書かれたコメントに対して，保育士が自身の保育を振り返る内容に乏しいとの口頭指摘を受けました。それは保育所保育指針が求める「反省と評価」になっていないとの判断からだと思いますが，どういった内容が多かったかといえば，今日のある子どもの言動が，かわいかった，うれしかった，おもしろかった，楽しかったといった言葉が目立つのです。監査した人はおそらく，それでは「反省と評価」になっていないと言いたかったのだと思いますが，私は自分の保育を的確にアセスメントできるような"子ども理解"に秀でた保育者である以前に，ひとりの人として，子どもと過ごした今日がかけがえのない1日であり，その1日が楽しかったことに感謝する保育者でありたいと思います。

「反省と評価」の欄に、自身の保育を振り返る内容を求めるのは、「反省と評価」を次の計画や指導案に反映させようとする意図があるからですが、それを求めすぎると、保育者が冷静に子どものことを観察しようとするあまり、保育の場が、人が生きる場としての色彩を失うように思われるのです。「反省と評価」は、子どもを保育の対象として捉えることに慎重でなければならないのではないでしょうか。

（2） 複数の読みの可能性は、一方が他方を否定するものではない

長くなりましたが、エピソードの導入部分からここまでの下書きを横川さんに読んでいただいたところ、横川さんは次のような手紙をくださいました。私からの返信も合わせてお読みください。

エピソード記述の資料提供にあたって

横川未穂

・批判的なアンダーラインを引いてしまうところ

その場面とはどこでしょうか？　この部分の記述は必要ないのではないでしょうか。

・ややもすると"させる保育"になる場合もあると思うのですが、あまりそのような印象をうけないのは、横川さんがただささとるくんの喜ぶ顔が見たいとしか思っていないことが読み手につたわるからではないでしょうか。この保育によってさとるくんに何か力をつけさせたいであるとか、何かを教えたい、知識を増やしてやりたいといった気持ちが感じられないところに、このエピソードの爽快感があります。

電車をつくろうと声をかけたとき、嫌がっていたり興味を示さなかったら、もしかするとこのような遊びは無かったでしょう。しかし、ドクターイエローの画

像を検索している際に，さとるくんは「画面を覗き込むように電車の写真が出てくるのを待っていた」と表現したように，興味を示していたために遊びへと発展していきました。しかし，そのつくる素材を選んだのは確かに保育士です。

「させる保育」とは何なのかと疑問に思いました。保育士が手をかけ準備をし，一緒にする場面をもち，ときに子どもがすることを見守るなどかかわり方がさまざまであるからこそ保育の楽しさがあると感じます。そこに，保育士の思い優先で保育を行い，子どもをイメージの姿に沿わせることは「させる保育」とは言えないのではと感じました。

・リードをとることができる。⇒　成長を感じた。

　日頃の姿から見ることのできない新たな一面を，遊びを通して知ることができました。また，得意な分野だからこそお友だちに自信をもって「こうしてほしい」と言うことができました。それらは，遊びを通して，子ども自身の"成長の成果"の現れではないでしょうか。

「リードをとることができる」は，「子ども理解」であって，「子どもをわかる」ということではないというご指摘ですが，上記のとおり，子ども自身の「成長のあかし」として捉えることができ，2点の区分に当てはまらないのではないかと思いました。

　私のエピソードは一体読者に何を感じて理解してもらえるのかと考えました。

「子ども理解と子どもをわかる」の2点の区別でしょうか。

　それとも，「保育で子どもと共振する」ということなのでしょうか。

横川先生へ

　室田です。

　お書きいただいた「エピソード記述の資料提供にあたって」を拝読しました。先生が私の原稿のどういったところが納得できないか，私なりに理解しました。お書きいただいたご質問やご意見については後述しますが，ともかく，横川先生

を悩ませ，時間を取らせたことをお詫び申し上げます。
　以下に私の意見を書かせていただきます。

（1）エピソード記述を読み合うときの2つの手続きについて
　第6ブロックの勉強会において，他者のエピソード記述を読むときの初歩的な手続きとして，問いを立てるためにアンダーラインを引くことは何度も申し上げましたし，実際にみなさんはそうしてくださっていました。では，どのようなときにアンダーラインを引くかといえば，自分の気持ちが動いたときです。いいな，かわいいな，という場合もあるでしょうし，"えっ？"と思ったり，"そうかな，何かひっかかるな"と思ったりしたときである場合もあります。ですから，批判的なアンダーラインを引くことは，肯定的なアンダーラインを引くこと，疑問符としてのアンダーラインを引くことなどとともにエピソード記述を読み合うときの手続きです。その手続きとして引かれるアンダーラインは，あくまでも読み手が読み手において感じたり，思ったりしたことに忠実でなければなりませんし，そのアンダーラインから導かれるエピソードの"読み（あるいは問い）"は，正しいか間違っているかの議論ではなく，複数の"読み"の一つとして肯定した上での議論でなければなりません。
　次に，これも勉強会で再三申し上げたことですが，もしもエピソードの書き手が"Aという読み"を提示していたら，読み手が，"not Aという読み"や"BあるいはCという読み"を敢えて考えてみることで，エピソードを多面的，多元的に読み込むことを可能にします。これもエピソード記述の重要な手続きです。こうした手続きを経て，ときには「目から鱗が落ちるような」気づきがあったりします。お読みいただいた原稿でいえば，桑原さんが指摘した「抱っこしてあげる」と「抱っこする」を小林さんが無意識の間に使い分けていたことに関する指摘などは，その好例といっていいでしょう。
　この2つの手続き（研究の方法）を前提として，横川先生のご質問にお答えしたいと思います。

（2）私なりの"読み"について

　まず，私が引いた批判的なアンダーラインは，まさに「普段の保育のなかでは甘える姿が多いさとるくんが，自分のもっている知識を発揮して『ここ，きいろ！　はみ出したらだめやからね！　そーっとぬるの』などと，リードをとることができるのだと新たな一面を知り，成長を感じた。」のところです。そしてこの部分にどのような"問い"を立てたかと言いますと，「ここ，きいろ！　はみ出したらだめやからね！　そーっとぬるの」と言うさとるくんの発言は，一緒にドクターイエローづくりに取り組む仲間に対して指示をしている，あるいは教えようとしているのではなく，この活動が楽しくて本当に没頭しているからこそ，あるいはこのダンボール製のドクターイエローが本当に大切だからこその発話だと，私には思えるのです。

　このように私が感じて引いた批判的なアンダーラインから，私がどのような"読み"をしたかというと，さとるくんがリードを取ることができるようになったと捉えるのではなく，「本当にさとるくんはドクターイエローが大好きなんだ。私がダンボールで電車をつくることをさとるくんに提案し，さとるくんもそれならドクターイエローがいいと言ってくれてよかった，私もうれしい。なんてさとるくんはかわいいんだろう！」と，自分が感じたことをありのままに書き出し，なぜ私はこう感じたのだろうと，横川先生に考察してほしいと思ったのです。

　そこで私なりのこの"読み"から導き出された考察は，横川先生に「リードをとることができるのだと新たな一面を知り，成長を感じた。」と，書かせてしまうものが何かという問いになりました。

（3）私が言いたかったこと

　その問いに対する私なりの考えは，できないことができるようになること，言い換えれば子どもに力をつけさせることを重視する最近の保育の傾向への批判です。それはまた，「ねらい」をもって保育を計画し，指導する保育の方法への批判です。言い訳に聞こえるかもしれませんが，私は横川先生の考察を直接批判しているのではなく，横川先生にこのように考察させてしまう日本の保育の現状を

批判しているのです。そしてその批判は，当然ながらその先に見え隠れする「させる保育」への傾斜をも視野に入れていることはいうまでもありません。このことを，「子ども理解」と「子どもをわかる」の違いとして捉え，ここまでの議論をさらに補強しようとしました。これが，私が最終的に読者に伝えたかったことです。

（4）まとめ
　「ここ，きいろ！　はみ出したらだめやからね！　そーっとぬるの」と言うさとるくんの発話を，横川先生は「リードをとることができるようになった。それはさとるくんの今までになかった新しい一面であり，成長の成果だ。それは担任として本当にうれしい」と感じ，それがこのエピソードを取り上げようとされた理由の一つでもあるだろうと思います。それに対して私は，没頭しているからこそ（子どもが何かに没頭＝没入する，夢中になることは保育でとても大切なことだと私は考えています）思わず出た言葉で，そこにさとるくんのかわいさを感じることに保育者としての喜びがあると思いました。この２つの異なる"読み"は，確かに一方が一方を批判するように見えるかもしれませんが，自分の保育をより深めるための振り返りの視点として捉えることがエピソード記述に臨む基本的な約束事なのです。加えて，「批判的に読む」ことも，エピソード記述の手続きの１つなのであり，この場合の「批判的な読み」は，違った視点の提示なのです。
（後略）

横川です。
　ご返答，ありがとうございました。
　一つひとつの私の問いに，丁寧に答えていただき，また保育の追及をともに考えられる機会をいただけたことに感謝申しあげます。私自身保育を振り返る機会となりました。
　あらためてエピソードを読み，"批判的"という言葉ばかりに捉われていたように感じます。しかし，考え方を変えると，室田先生の"読み"と私自身の"読

み"の違いがあり，室田先生の解説があることで，納得できるところがたくさんあり私自身も「そういう思いでさとるくんを見ていたかもしれない」「こんな風に表現できていたら伝わりやすかったかもしれない」と思うところがありました。
(後略)

（3） 保育の場は感性的コミュニケーションに満ちている

　事務室に向かって廊下を歩いていると，せりちゃんが「あっ！　えんちょうせんせいや……。なーがーそーでー！」と言いながら，両方の拳を斜めまえに突きあげて小走りに私の横をすり抜けていきました。シルバーウィークも終わり肌寒くなったので今日から長袖のシャツにしたようですが，私も長袖でしたから，"えんちょうせんせい，いっしょやなあ"という気持ちも「なーがーそーでー！」には込められていたのかもしれません。

　事務室のまえは少し広くなっていて，園庭への通用口に続いています。そこに男の子が1人座っていました。肩を落として背中を丸めています。そばには宮原さんがしゃがみ込んで，両膝を抱えながら清潔なほほえみを湛えて，「うん……，うん……，うん……」とゆっくり頷いています。きっと落ち込むようなことでもあったのでしょう。でも，あのほほえみには敵いません。ほどなく男の子の背中が心もち起きあがりました。

　事務室に入ろうとすると，女の子がお父さんと帰って行くところでした。困ったことに名前が出てきません。私に気づいたお父さんが「ほら，ご挨拶は？」と女の子に言います。でも，難しい顔のままです。焦って私が手を振ると，やっと手を振り返してくれました。お父さんに抱きかかえられて玄関を出るとき，抱かれたその子と眼があいました。にっこり笑ってくれます。これがこの子のさよならだと思いました。3つのことがありましたが，時間にすれば2分足らずだと思います。エピソードと呼べるようなことでもありません。でも，3人の子どもと保育者の気持ちが私に伝わりました。

　ここに書いたことはすべて事実です。コミュニケーションと呼べるほどのこ

とではないかもしれませんが，この3つの事実から私が感じたり，思ったりしたことは感性的でした。このようなことは事務室を出ればいくらでも経験しますから，見ようによれば保育の場はささやかな感性的コミュニケーションの連鎖で1日が終わるのかもしれません。そのなかに，ときおり保育者の胸を打つような感動的な保育の展開があり，そこに保育の意味が生まれます。その意味を問うために，〈エピソード〉に描き〈考察〉を重ね，それを資料にカンファレンスをもつのです。

ところで，エピソード「言葉にならない」をあらためて読み返し，横川さんがさとるくんに運転士の帽子を渡す場面が私には輝いて見えました。「リードをとることができる」にばかり気を取られて，この部分をなおざりにしてしまっていたことに気づきました。

横川さんは〈考察〉に，「運転士の帽子を手渡したとき，自分の想像とは違ったはにかむ表情をみて驚いたと同時に，心から『良かったね』と思うことができた」と書いています。エピソードではもう少し詳しく描写されていて，手渡そうとしたけれどもさとるくんが受け取ろうとしないので，横川さんが「いらないの？」と声をかけます。すると，「照れくさそうに咥えていないもう片方の手をのばしたので，私は，そっと頭にかぶせてあげた」と書かれています。素直に受け取らないから出した手に渡さず，頭にかぶせたのかとも思いましたが，そっと頭にかぶせてあげたと書かれていますから，横川さんはさとるくんへの愛しさを堪え切れずに，そうしたのでしょう。

驚いたのは横川さんだけではありませんでした。さとるくんの，「"えっ，いいの？"と今にも声が漏れそうなくらいの"驚き"」は，運転士の帽子をかぶせてもらったうれしさだけではないように思います。さとるくんは，横川さんがダンボールで一緒に大好きなドクターイエローをつくってくれただけでなく，帽子まで用意してくれていたことがわかり，帽子もうれしいけど，横川さんが自分のことを色々と考えてくれていたこともうれしかったように私には思えるのです。両方が，さとるくんの"驚き"だったのではないでしょうか。そのように考える間に，また横川さんにお願いしたいことができてしまいました。

横川さんが,「自分の想像とは違ったはにかむ表情をみて驚いたと同時に,心から『良かったね』と思うことができた」のは,そのときの横川さんの正直な気持ちのはずです。それが横川さんの"気持ち"であるからこそ,その驚きと心からの「良かったね」を,横川さんにさらに考察してほしいと思うのです。横川さんへの返信に「自分が感じたことをありのままに書き出し,なぜ私はこう感じたのだろうと,横川先生に考察してほしいと思ったのです」と書いたのもこのことでした。そのためには,さとるくんの"驚き"に目が止まり,帽子をかぶせてもらったことだけが驚きだったのだろうかと私が問いを立てたように,エピソードに描いた一つひとつにこだわって,そこに子どもの気持ちや思い,自身の気持ちや思いを探り,保育で大切にしたいことを見つけだす作業を試みてほしいのです。第6ブロックの勉強会は2年で終わりましたが,横川さんの勤務されている園では今後もエピソード記述を資料とするカンファレンスは続くそうですから,〈考察〉を感想の範囲に止めずに,感想に問いを立てて保育の意味をさらに探り続けていただければと願います。

　さて,実習ノートですが,実習ノートはそもそも何のためにあるのでしょうか。おそらくは,実習生が自身の保育をふり返るためだと教えられているのでしょうか。そうであるなら,自身の保育の何をふり返るのかが確認されていなければならないはずです。私なら,子どもとの感性的コミュニケーションを取りあげて,子どもの気持ちや思い,自身の気持ちや思いをエピソードにしてみてほしいと思います。それを妨げるものがあるとすれば,それはおそらく予定調和的に終わる保育実習です。部分実習や1日実習と名づけて,こと細かに指導案を書かせ,計画どおりに実践できたかどうかをふり返らせたり,部分実習を公開保育の形式で行い,参加した保育者がアドバイスしたりする実習を見かけますが,そのような保育技術を身につけることが実習だとは私には思えないのです。なぜなら,保育者の仕事で重要なことは,子どもの気持ちが"わかる"ことだと思うからです。これから保育者になろうとする人にとっては,なおさらのことではないでしょうか。

　幼ければ幼いほど,子どもの気持ちは剥きだしのままですから,傷つきやす

いと思うのです。でも，傷つきやすい反面，大人の気持ちも沁み込みやすいとも思うのです。だからこそ，感性的コミュニケーションによる感性的子ども理解＝"わかる"が重要なのです。確かに保育は集団の場でもありますから，子どもを束ねる力も必要かもしれません。でもそれは，技術ではないのではないでしょうか。子ども一人ひとりと〈すき―すき〉の関係を築き，その一人ひとりが集まって，保育者の話を聞いてくれるのです。そこに技術など必要ありません。静かに聞いてくれなくて困れば，子どもたちがそれを察知して，大好きな人が困るのは僕も困る，私も嫌だ，だから大好きな人の話を聞こうと思ってくれるように，毎日を大切に子どもたちと生きることが保育だと思うのです。

　たとえ4週間の実習であっても，エピソード記述は1つ書けるかどうかだと思いますし，本当に書ければ1つでも十分でしょう。なぜ十分かといえば，1つのエピソード記述が教える保育の意味は生涯にわたって書き手を支え続けるくらいに深いと思うからです。

第5章
"しる"と"わかる"を相補的な関係に位置づける

第5章 "しる"と"わかる"を相補的な関係に位置づける

　本書はここまで，理性的子ども理解"しる"と感性的子ども理解"わかる"を対比的に検討してきましたが，"しる"と"わかる"は相補的な関係にあります。相補的な関係に位置づけられながらも，"しる"が優先されたり，"わかる"に重点が置かれたりしますが，それはエピソード記述においても同じです。

　本章では，"しる"と"わかる"の相補的な関係を整理した後，保育セッションと不文の指導案を再考します。そして最後に，私の思うこれからの保育について述べ，まとめとします。

第1節　"しる"と"わかる"の相補的関係

(1) エピソード「D，やったね！」を読む

　エピソード「D，やったね！」に登場するCくんは，エピソードのなかで2種類の神経衰弱（トランプゲーム）をしています。2つの神経衰弱はルールの難易度に差があるのですが，その差を能力発達の視点で捉えると，生活年齢と発達年齢の差に着目することになります。一方，Cくんが2種類のルールの異なる神経衰弱を遊んで，それぞれで何を楽しんだのかという視線をCくんに向けると，Cくんの楽しいを一緒に楽しむことができます。ここまでの議論でいえば，前者は理性的子ども理解であり，後者は感性的子ども理解です。前者はCくんの発達を"しる"ことであり，後者はCくんの気持ちや思いを"わかる"ことです。このエピソード記述を書いたBさんはもちろん，"しる"と"わかる"の両方を視野に入れてCくんと神経衰弱をしているはずですが，その記述は理性的子ども理解にウエイトが置かれているように思われます。ですが，Bさんが強く主張しなくても，私には感性的子ども理解"わかる"の働きが見え隠れしているように思えるのです。

　エピソード「D，やったね！」に登場するCくんは急性脳症による手足の麻痺があるためリハビリを続けており，認知の遅れも少し見られることを，この

エピソードの書き手であるＢさんは予め報告してくれていました。

エピソード 「Ｄ，やったね！」

2014年11月14日
Ｂ保育士

〈背景〉
　Ｃくん（６歳７か月）は，年中の後半から年長の夏頃にかけて自分を強く出すようになり，身の回りのことをするのを嫌がることも多かったが，補助の保育士がつくようになり，ゆっくりかかわるなかでできることが徐々に増え，最近は友だちに誘われてしたり，ときには自分から進んでしたりすることもある。
　集団遊びは好きだが，ルールを理解したり守ったりすることは難しく，自分独自のルールで加わったり，順番を抜かして友だちとトラブルになることも少なくないが，年長の秋頃から日によっては順番に並んで待つ姿も見られるようになった。お喋りは好きだが，自分の思いを十分伝えることは難しく，保育士が友だちとの間に入って通訳することでかかわりを援助している。

〈エピソード〉
　年長の子どもたちと私がトランプで神経衰弱をしていると，Ｄちゃんが Ｃくんを連れて「まーぜーて」と加わる。他にも数人加わり，年長児７人と私で遊びを続ける。Ｃくんは自分の番が来ると２枚カードを表に返す。でも違うカードではずれ。とても残念そうで「え〜」と言い，１枚は裏向きに戻すがもう１枚は手に持ったまま，なかなか裏返しにしようとしない。周りの子どもたちから口々に「Ｃちゃん，はやくして」「次できんよ」と言われ，しぶしぶ裏返しにする。私はこの遊び，時間がかかりそうだな，最後までゲームが続くかな，と思いながら，でもお友だちに注意されて我慢しようとしていることはＣくんにとって大事なことなんじゃないかなと思い，様子を見た。Ｃくんは２回目，３回目にしたときもはずれで，そのたびになかなかカードを裏向きに戻さず，表情をゆがめて「う〜〜〜！」と言いながら，足をバタバタさせて悔しさを表す。周りの子は注意するものの段々いらいらし始め，「もう〜！　私の番できん！」「Ｃ！」と口調を荒げる子も出始める。なんとかＣくんがカードを裏返しにして，次の子に順番が移った。Ｃくんは自分の目の前のカードばかりめくるのでなかなか当たらない。他の子がめくるカードが見えてないのか

な，一緒にするのは難しかったかな，と思っていると，一緒に神経衰弱をしていたDちゃんが立ち上がって，Cくんの隣に座り，Cくんの耳に内緒話をしたり，ほっぺたをムニムニして遊び始めた。DちゃんはCくんの世話をするのが好きな子で，食事の前の手洗いにもよく誘ってくれる。このときも，"Cくんの機嫌を直そうとしてくれてるのかな？"と思った。次のCくんの番，またはずれだったが，Cくんは「あ～」と残念そうに笑って，すぐにカードを裏返しにした。私は"あれ？ 機嫌がよくなってるぞ。Dちゃんのおかげかな？"と思った。そしてDちゃんの番になり当たりだと，Cくんは飛び跳ねて「D，やったね！」と自分のことのように喜んだ。"え！ さっきまであんなに怒っていたのに，すごい変化だ！ DちゃんがCくんにしたことで，こんなに変わるの⁉"と意外に思った。おかげでゲームは進み，最後4枚を残して1度も当たってないCくんの番になる。私は"どうか当たってほしい！"と祈っていた。そして見事，Cくんが最後の4枚を当てることができ，ゲームが終わった。満面の笑みのCくん。私が「Cくん，すごいね！ 最後まで怒らないで頑張ったら，ゲットできたね！」と声を掛けると，大事な当たりのカードを見つめたまま，「うん！」とうなずいた。

　子どもたちはもう一度神経衰弱を始めたが，Cくんは別のトランプをもって来て，「先生，するよ」と私の腕を引っ張り，友だちと離れて別のところへ私を連れて行き，2人で遊ぼうとする。私はさっき，Cくんが最後の4枚を当てたのを見て，直前にめくった子のカードを見て覚えていたのだと思い，また一緒にやりたがるかと思っていた。でもやっぱりお友だちとすると負けてしまうから，嫌なんだなと思った。それなのに怒らないでゲームを続け，Dちゃんの当たりを喜んでいたのは，Cくんはかなり頑張ってしていたことだったんだと思い，Cくんと2人でするトランプにつきあうことにした。Cくんは山の形に重ねたトランプを上から数枚めくって，偶然同じ数字だと「やった～！」とより分けたり，私にもトランプをめくらせたり，神経衰弱の真似っこのようなことをして遊び始めた。そのうちより分けたトランプがロケットの形に見えたようで，「これ，強いロケット○×△……」とごにょごにょしゃべり始め，トランプを並べて形をつくって遊び始めた。もう私がそばにいることを忘れているかのように並べることに集中している。それをしばらく私は横に座って見てから，そっとそばを離れた。

〈考察〉
　神経衰弱が終わったときは，Cくんがルールを守って最後まで友だちと遊べたこ

とがただただうれしくてたまらなかった。いつも自分のルールを無理矢理通してしまうCくんだが，ゆっくりでも確実に成長しているんだと感じた。それと同時に，DちゃんがCくんに言ったことが気になって，片づけて縄跳びをしに行く前にDちゃんに「トランプのとき，どうしてCくんの横に座ってくれたの？」と聞いてみた。Dちゃんは「だって，C，また怒っちゃうかもしれないでしょ？」。「教えてあげようと思ったの？」。Dちゃんはうーんと考えて「こうやってしようと思った」と，手のひらを自分の口の前に当てて見せた。Cくんにそうすることで，「怒らないよ」と伝えようと思っていたようだ。私は「Dちゃんが横に行ってくれたら，Cくん怒らなくなったよね。Dちゃんのおかげだね。ありがとう」と伝えた。Dちゃんは「うん」と友だちのところへ戻って行った。DちゃんがCくんのいつもの様子を考えて動いていたのだと知り，本当なら私がしなければいけない仕事なのに，まるでDちゃんが保育士のようだと思った。でも私がCくんに怒らないでほしいと伝えていても，きっとCくんは私を蹴ったり叩いたりすることで悔しい気持ちに折り合いをつけようとしただろう。来てくれたのがいつも自分を気に掛けてくれる友だちのDちゃんだったから，自分の気持ちを堪えて，Dちゃんの当たりを一緒に喜ぶことで納得しようとしたのかもしれない。

　私はCくんから2人きりでのトランプ遊びに誘われるまで，Cくんもみんなと一緒に楽しめたと思っていた。Cくんが友だちと一緒に遊び続けず，私と2人で遊びたがって初めて，Cくんがかなり我慢していたんだと気づいた。いつも我儘をたくさん言うCくん。自分の思いを十分表現していると思っていたけれど，肝心なところは伝えることができないでいることも多いのかもしれない。Cくんが自分の気持ちをうまく話せていたら，「僕は本当は〜なんだよ」と私に言うのかもしれない。でも今はまだそれが望めないから，そばにいる人が細やかにCくんの行動や表情から気持ちを読み取る必要があるのだと，あらためて感じた。

（2）　感性的コミュニケーションの視点でゲームの展開を読む

　神経衰弱のルールは周知のとおりですが，Cくんの考えた坊主めくり式神経衰弱は，積み上げたカードを順にめくり，数字が合えば取ることができ，合わなかったカードは数字を見せたまま増えていきますが，いずれはすべてがペアになり終了します。エピソードでは坊主めくり式神経衰弱はやがて，合わなか

ったカードをピースにした図形遊びに展開しました。Cくんは Dちゃんに誘われたことをきっかけに2種類の神経衰弱を楽しみましたが、前半の場面ではクラスの仲間とすることを楽しみ、後半の場面では自分の遊びの世界に没入することを楽しんだようです。

　ところで、Bさんは〈考察〉の冒頭を次のように書き起こしています。

　　　神経衰弱が終わったときは、Cくんがルールを守って最後まで友だちと遊べたことがただただうれしくてたまらなかった。いつも自分のルールを無理矢理通してしまうCくんだが、ゆっくりでも確実に成長しているんだと感じた。

　自分のルールを無理矢理通すことの多かったCくんがルールを守って最後まで友だちと遊べたことを、ゆっくりではあるが確実なCくんの成長だとBさんはこの場面から感じていますが、私には、それは理性的子ども理解に思えます。一方、残された4枚のカードをCくんがめくるとき、「私は"どうか当たってほしい！"と祈っていた」とBさんは書いていますが、私も祈らずにはいられませんでした。この場面を読めば誰もがハラハラし、固唾を飲むのではないでしょうか。それほどに読み手をエピソードの世界に引き込む保育セッションでしたが、これは紛れもなく感性的子ども理解です。このように、Cくんが我慢して最後まで頑張ったことに焦点化するのか、Cくんの喜ぶ姿に注目するのかで、エピソードの"読み"は違ってきます。

　Bさんの記述にはCくんの成長（発達）に着目した理性的子ども理解を表すところが少なくありませんが、Bさんの「ただただうれしくてたまらなかった」という気持ちは、Cくんが最後までルールを守って友だちと遊べたこと、それを確実な成長だと思えたことだけに由来していたのでしょうか。ただただうれしくてたまらなかったというBさんの気持ちのなかには、Dちゃんに誘われて神経衰弱に参戦し、Dちゃんに声をかけてもらって気持ちを切り替えることができたことや、Cくんが「D、やったね！」と声をかけたことや、カードを手に入れることができて満面の笑顔であったこともBさんのうれしさには含まれていたのではないかと思うのです。ところが、Cくんの生活年齢と発達年

齢に差が認められることから，その差を少しでも詰めることがＣくんのためになるのだという思いに引き寄せられて，どうしても成長（発達）という理性的子ども理解に重点を置いた記述になってしまっているのではないかと思えるのです。それは〈考察〉の最後にも見られます。

　　私はＣくんから２人きりでのトランプ遊びに誘われるまで，Ｃくんもみんなと一緒に楽しめたと思っていた。Ｃくんが友だちと一緒に遊び続けず，私と２人で遊びたがって初めて，Ｃくんがかなり我慢していたんだと気づいた。

Ｂさんが，「Ｃくんもみんなと一緒に楽しめたと思っていた」ことは，何もＣくんがＢさんと２人だけで遊ぼうとしたからといって打ち消されはしないでしょう。ですが，「Ｃくんがかなり我慢していたんだと気づいた」ためにＢさんは，楽しめていたように見えたけれども，本当は我慢していたのだと思ってしまったようです。我慢していたことも確かかもしれませんが，楽しんでいたことも確かだと私には思えます。ではなぜ，Ｂさんと私とでエピソードの"読み"が異なるかといえば，それは生活年齢と発達年齢の差に注目するのか，目の前の子どもをありのままに見ようとするのかの違いではないでしょうか。ですが私は，けっしてＢさんの保育を批判しているのではありません。

たとえば，ＣくんにはＤちゃんという素敵な友だちがいることや，その２人の間には大人にはわからないコミュニケーションがあり，それは一方的にＤちゃんがＣくんを助けてあげているというのではないように思えます。ＤちゃんはＣくんのことが大好きで，Ｃくんと遊ぶことが楽しくて，Ｃくんが困っていれば困らないようにしているだけなのではないでしょうか。そのような友だち関係が生まれる保育をＢさんは実践しておられます。あるいは，２人だけの坊主めくり式神経衰弱に誘われたら，すっとＣくんと２人だけになってＣくんの思いを汲みとるところも，素敵だなあと思いました。

ところが，ＣくんとＤちゃんの関係を発達を重視する理性的子ども理解の観点から見てしまうと，困っているＣくんにＤちゃんが救いの手を差し伸べてでもいるかのように見えてしまうのではないでしょうか。〈考察〉には，次のよ

第5章　"しる"と"わかる"を相補的な関係に位置づける

うな記述があります。

　　DちゃんがCくんに言ったことが気になって，片づけて縄跳びをしに行く前にDちゃんに「トランプのとき，どうしてCくんの横に座ってくれたの？」と聞いてみた。Dちゃんは「だって，C，また怒っちゃうかもしれないでしょ？」。「教えてあげようと思ったの？」。Dちゃんはうーんと考えて「こうやってしようと思った」と，手のひらを自分の口の前に当てて見せた。

　教えてあげようと思ったのかというBさんの問いに，Dちゃんは「うーんと考えて」から自分がした仕草をBさんにして見せました。DちゃんはCくんに対して，できないことをできるようにしてあげようとか，良くないことはだめだよと教えてあげようとは思っていなかったのではないでしょうか。DちゃんはあくまでもCくんの仲間なのであって，保育士ではないのだと思います。くどいようですが，DちゃんはCくんと遊ぶとき，その遊びが壊れそうになったり，終わりそうになったりしたときに，Cくんとの遊びを継続できる魔法を編み出したのだと思います。

　障碍児保育を安易に考えているのではないかと言われれば返す言葉はありませんが，保育の場は，〈すき―すき〉の関係が"一緒が楽しい"という体験によって確認される生活の場でなければならないと考える私には，生活年齢と発達年齢の差を少しでも詰めることを優先する保育には違和感を覚えるのです。保育と療育は違うのだからと障碍があることを度外視するわけではありません。自園においても専門機関と連携し，保護者とも協力関係を築いて，できるだけのことはしているつもりです。そのうえで，障碍の有無にかかわらず，子どもと今日も楽しかったねと言える日々になることを保育でもっとも大切にしたいと思っているのです。一緒が楽しいと思える体験を1つでも多くもってもらえれば，きっと子どものなかに人とともに生きる喜びが蓄積され，それが生きる源になるはずです。そのような感性的コミュニケーションを，障碍を理性的に理解することが支えてくれます。このように"しる"と"わかる"は相補的な関係にあると思うのです。

(3) 一緒にする楽しさと，没入する楽しさ

　繰り返しになりますが，先に私は「Dちゃんに誘われて神経衰弱に参戦し，Dちゃんに声をかけてもらって気持ちを切り替えることができたことや，Cくんが『D，やったね！』と声をかけたことや，カードを手に入れることができて満面の笑顔であったこともBさんのうれしさには含まれていたのではないか」と書きましたが，Cくんにしてみれば，それが仲間とした神経衰弱の楽しさだったのだと思います。では，坊主めくり式神経衰弱の場面では，Cくんは何が楽しかったのでしょう。

　みんなとの神経衰弱が終わるとCくんは「先生，するよ」とBさんの腕を引っ張って，友だちとは別の場所に行こうとします。もちろんBさんはついて行き，坊主めくり式神経衰弱につきあいました。Cくんにしてみれば，大好きなBさんと2人だけで遊ぶことが何より楽しかったに違いありません。ですから，そばにBさんがいてくれる喜びと安心感から，Cくんの遊びは図形遊びにまで展開しました。その頃にはCくんはすっかり遊びの世界に没入していました。我を忘れて遊ぶのですから楽しくないはずがありません。みんなとの一緒も楽しいけれど，1人で遊びの世界に没入することも楽しいのはどの子も同じです。大人だって同じはずです。

　エピソードを一読した私は，できることならBさんにもCくんの世界に没入してほしいと思いました。そうすれば，一緒に遊びの世界に没入する喜びもCくんは手に入れることができたのに残念だと思ったのです。ですが，それはエピソード記述に書かれていることだけでCくんとBさん2人だけの場面を判断するからかもしれません。

　自分の遊びの世界に没入するCくんを見てBさんは，楽しそうだね，もう私なんかいらないくらいだねと思ったのではないでしょうか。遊びに夢中になるCくんのことがかわいく見えたのではないでしょうか。まさに感性的子ども理解によって，BさんはCくんのことを"わかった"のではないでしょうか。ところが，発達の物差しをあてるとCくんのする坊主めくり式神経衰弱とそこから展開する図形遊びは，Cくんの生活年齢に見合わない遊びのように思えてし

まい，Cくんはやはり無理をしていたのだと理解してしまって，1人で遊ぶ世界に没入するCくんをありのままに見た自分の気持ちに蓋をしてしまったのではないかと思うのです。このように考えると，保育者は理性的子ども理解が優位になっても，実は自分でも気づかない間に感性的子ども理解を働かせていて，その2つの理解の相補関係によって子どもへの対応を，その場その場で即興的に判断しているのではないでしょうか。エピソードのBさんに戻れば，やはりCくんの障碍に着目せざるを得ないCくんの言動のために理性的子ども理解の側面が強く出てしまい，それが記述にも表現されているのだと思います。それでもBさんの記述の全体を通してCくんとの〈すき―すき〉の関係を私は感じます。そうだとすればやはり，感性的子ども理解が理性的子ども理解に対して補完的に働いているのだと思えるのです。

第2節　保育セッションと不文の指導案を再考する

（1）　保育セッションの視点からエピソードを読む

　子ども自身がやりたい，やってみたいと思い，やってみたいことにのめり込み，やがて満足して自分からおしまいにすることが保育の基本です。これをセッションとします。セッションとは複数の人が集まって，議論したり，演奏したり，演じたりすることや，学校の学期のような区切りのことですから，厳密には子どもが1人で遊ぶことをセッションと呼ぶことには無理があるかもしれませんが，それも子どもの活動の一つのまとまりだと捉え，ここではセッションに加えます。

　保育の場の子どものセッションは，用意された遊び場で見つけた遊びでなくても，子どもがやりたいと思えば，それが糸口になり，やってみておもしろければ子どもは夢中になれます。そしていつか，満足したり，やり遂げたり，飽きたり，他のことに興味が移ったり，誰か（往々にしてそれはデイリープログラムに忠実な保育者です）に邪魔されたりして，子どものやりたいことは終了します。ですから，子どもが見つけるやりたいことは保育者が提案する運動会の

練習にも見つかるかもしれませんし，健康診断の補聴器が糸口になることだってあるかもしれません。昼食も昼寝も身支度もそうです。保育の場のあらゆる場所，すべての時間が内包するモノやコトやヒトを介して，子どもはセッションに夢中になります。このようなセッションを大切にしたいので，私はエピソード記述に魅せられるのかもしれません。

　さて，保育の場の子どものセッションが，保育セッションと呼ぶにふさわしい内容であるためには，少なくとも２つの要素が必要ではないかと私は考えています。その１つは，セッションが保育者の予想を超えて展開していることです。そしてもう１つは，その展開に保育の意味が生まれることです。

　エピソード「D，やったね！」に戻り，保育セッションの視点から読んでみます。

　エピソードは概ね２つに分けることができます。前半はCくんがDちゃんに誘われてした神経衰弱の場面です。後半はCくんがBさんを誘って坊主めくり式神経衰弱を始め，それがいつしか図形遊びに展開した場面です。

　前半の神経衰弱でCくんが仲間から批判されたとき，BさんはやはりCくんには難しかったのかと思うのですが，Dちゃんのおかげでその予想は見事に覆り，参加したみんなが喜べる結末を迎えました。では，そこにはどのような保育の意味が生まれたのでしょう。

　これはすでに指摘したことですが，この保育セッションにおいて生まれた保育の意味は，DちゃんがCくんにかけた魔法です。

　子どもは，大人には計り知れない対処法を固有の友だちに向けて用意していることがあり，それは教えるとか指示する，命令するというような大人の行為とは違っています。ですから，子どもと子どもの間は，大人と子どもの間のような非対等な関係ではないのです。そのような関係が維持できると，子どもと子どもは感性的コミュニケーションでつながり，一緒が楽しいと思えるのではないでしょうか。これがDちゃんが使った魔法の正体ではないかと思います。子どもだからわかることは，大人にはわからないことがあるのです。それを無理にわかろうとしたり，わからないからといって阻止しようとしたりすると，

子どもと子どもの間に取り交わされる感性的コミュニケーションは壊れてしまいます。Bさんはそのようなばかげたことはしませんでした。

　仲間とする2度目の神経衰弱に喜んで参加するものだとばかり思っていたBさんの予想を裏切り，Cくんは，「せんせい，するよ」と2人だけの坊主めくり式神経衰弱にBさんを誘いました。このとき，DちゃんはCくんにもっとやろうよとは誘わなかったようです。もちろん坊主めくり式神経衰弱にも参加しようとはしませんでした。これも，DちゃんのCくんへの対処法だったのではないでしょうか。

　魔法の使い手も，これ以上仲間との神経衰弱に誘うことをCくんが喜ばないことをわかっていたのだと思います。みんなとのトランプゲームに疲れ，Bさんと2人で遊びたいCくんの気持ちは，聞かなくてもDちゃんにはわかるのでしょう。魔法の使いどころを心得ているのです。これも大人には敵わない子どもの対処法です。そしてBさんと2人になれたCくんは，自分の遊びの世界に没入しました。子どもの遊びは，子どもの遊びたい気持ちなのです。それがエピソード「D，よかったね！」という保育セッションから生まれた保育の意味だったのではないでしょうか。

　前半の神経衰弱は，Cくんにはルールが少し難しかったのでカードが取れないことに苛立つ姿もありましたが，神経衰弱というトランプゲームを子どもができるかできないかに焦点をあてるとCくんの困っている姿ばかりが見えてしまいます。しかし，子どもの遊びは，子どもの遊びたい気持ちのことなのだとしたら，大好きなDちゃんから誘われたCくんは，遊びたい気持ちに支配されていました。カードが取れないことに苛立っていることは確かですが，カードが取れないことでDちゃんを含むみんなと遊びたい気持ちがスポイルされることが，Cくんにはつらかったのではないでしょうか。それがわかることがDちゃんの魔法の正体ではないかと私には思えるのです。

（2）　Bさんが抱いていた不文の指導案

　文章化されることはありませんが，保育の場に臨む保育者が胸の奥にしまっ

ておいて，何かあればすぐに取りだして参照するのが，不文の指導案です。ですからBさんも，エピソード場面では不文の指導案を参照したと思います。

　エピソード記述の〈背景〉には，エピソードに描かれた子どもについての理性的子ども理解が記されていることがよくあります。それは不文の指導案に書き込まれた子どもイメージの一部だといってもよいと思います。CくんのためにBさんが用意した不文の指導案には，次のようなCくんイメージが書かれていたようです。

　年長の秋を迎えてCくんはできることが増え，友だちに誘われてしたり，自分からしたりするようになっていることに加えて，トラブルになることもあるが順番を守って並んで待つこともできるようになってきているというプラスイメージが書かれています。マイナスイメージも書かれていて，それはルールを理解したり守ったりすることが難しく，自分独自のルールで加わり友だちとトラブルになることも少なくないというマイナスイメージです。このように書かれたCくんイメージからBさんはCくんへの願いも不文の指導案には書いているはずです。その願いが実現したことが，このエピソードをBさんが取りあげた要因の1つであったのではないでしょうか。再掲します。

　　　神経衰弱が終わったときには，Cくんがルールを守って最後まで友だちと遊べたことがただただうれしくてたまらなかった。いつも自分のルールを無理矢理通してしまうCくんだが，ゆっくりでも確実に成長しているんだと感じた。

　ここに書かれたことから，BさんがCくんのために書いた不文の指導案のCくんへの願いの欄には，「友だちとルールを守って最後まで遊べるようになってほしい」と書かれていたことが類推されます。それが実現したのですから，ただただうれしかったのもうなずけます。ところが，Cくんが2度目の神経衰弱に参加せず，坊主めくり式神経衰弱に自分だけを誘ったことから，みんなとのゲームを我慢していたのだとBさんは考えました。確かにCくんは少しくたびれたのでしょう。でも，その疲れには，Dちゃんが誘ってくれた神経衰弱を自分も楽しめた達成感からくる満足感も含まれていたのではないかと私には思

えました。あまりに都合良く私はエピソードを読んでいるのかもしれませんが，自分には難しかったので我慢することになり，それでもう２回目は参加しなかったという子ども理解だけでは，何か保育として物足りない気がします。くどいようですが，子どもの遊びとは子どもの遊びたい気持ちのことだと考える私には，Ｄちゃんが誘ってくれたことがうれしくて，Ｄちゃんが一緒にやろうという神経衰弱を遊びたい気持ちがＣくんのなかに芽生え，カードがなかなか自分のものにならないので，遊びたい気持ちが萎えそうになったときも，Ｄちゃんが魔法の言葉と仕草で気持ちを立て直してくれて，最後には４枚のカードを取ることができたことはＣくんにとって十分楽しいこと，自分を打ち込めたことだったので，Ｃくんは満足して自分から遊びをおしまいにしたのだというのが，私の読みです。Ｄちゃんもそれがわかるので，２回目の神経衰弱にＣくんを誘わなかったし，坊主めくり式神経衰弱に参加しようともしませんでした。

　不文の指導案は，１年の間に何度も書き加えられて変化していきます。おそらくＣくんのそれもこのエピソードによって更新されるに違いありません。そのとき，できれば私の深読みかもしれない読みも，ひとつの希望として添え書きしていただければと思います。

第３節　鍵概念を整理する──まとめにかえて

（１）　保育セッションと不文の指導案

　子どもと保育者の思いと思いつきが絡みあって，ときには駆け引きもあったりして，保育の場が生き生きと展開するところが保育の醍醐味です。それを私は，エピソード記述によって"わかる"ことができました。そこで，その展開を保育セッションと呼ぶことにしました。保育セッションと名づけてみると，保育者の予想を超えた展開は意味を生みだすことにも気づきました。

　エピソード記述は，書き手がみずからの体験をみずからの言葉で綴りますから，そこには保育者の気持ちや思いが滲み出ます。エピソード記述には普段は耳にすることのない保育者の声が木霊するのです。その響きを聞く間に私は，

保育者が保育の場に臨み，子どもとのセッションが始まると，保育者にはその子に対して自分が抱くイメージが喚起され，そのイメージが要請するその子への願いも心構えにすることを考えるようになりました。そこで私は，その心構えを不文の（文章化されない）指導案と呼ぶことにしました。すると，保育者の思いや思いつきは子どものそれとは異なり，不文の指導案に支えられていることがわかり，保育セッションから生まれる保育の意味よって，不文の指導案が更新されることにも気づいたのでした。このようにして，保育セッションと不文の指導案はつながることになり，あらためてエピソード記述を読み解く鍵概念になったのです。

（2） 子どもの気持ちを自分の気持ちにおいて"わかる"感性的子ども理解

本書の第1章に私が考える遊びを提示していますが，実は第4章までを書き終えてから，エピソード記述だけを残して第1章は全面的に書き換えました。それはエピソード記述が私に求めてくれたことでした。子どもの遊びを対象化し客観的に見ていたのでは，遊ぶ子どものことはわからないことに気づいたのです。その気づきはまた，「子どもは遊びを通して学ぶ」と言われてきた思想に異議を唱えたいという思いにつながりました。

たとえば幼稚園教育要領には次のように書かれています。

> 第1章　総則　第1　幼稚園教育の基本
>
> 2　幼児の自発的な活動としての遊びは，心身の調和のとれた発達の基礎を培う重要な学習であることを考慮して，遊びを通しての指導を中心として第2章に示すねらいが総合的に達成されるようにすること。

遊びは幼児の自発的な活動であるとしながらも，遊びは重要な学習であると言い，遊びを通して指導することでねらいを達成することを，幼稚園教育要領は「幼稚園教育の基本」の項で求めています。これを目的─手段関係で読むと，目的は第2章に示されたねらいの達成であり，手段は重要な学習と位置づけら

れた遊びになります。遊びは遊ぶこと自体が目的でなければならないと考える私にはとても受け入れがたい思想です。確かに、『幼稚園教育要領解説』（文部科学省，2008年）の「幼稚園教育の基本に関連して重視する事項」の「幼児期における遊び」には，次のように書かれています。

> 幼児期の生活のほとんどは，遊びによって占められている。遊びの本質は，人が周囲の事物や他の人たちと思うがままに多様な仕方で応答し合うことに夢中になり，時の経つのも忘れ，そのかかわり合いそのものを楽しむことにある。すなわち遊びは遊ぶこと自体が目的であり，人の役に立つ何らかの成果を生み出すことが目的ではない。しかし，幼児の遊びには幼児の成長や発達にとって重要な体験が多く含まれている。

「遊びは遊ぶこと自体が目的であり，人の役に立つ何らかの成果を生み出すことが目的ではない」としながらも，「しかし，幼児の遊びに，幼児の成長や発達にとって重要な体験が多く含まれている」とも書いて，遊びの効能をこのように強調してしまうと，保育者は遊びを遊びのままにしておくことができなくなってしまうのではないでしょうか。子どもの成長や発達を促すために遊びを用意することになり，子どもを遊ばせようとすることにもなるのではないでしょうか。

「幼児期における遊び」は子どもの成長や発達についてさらに次のように書いています。

> 遊びにおいて，幼児が周囲の環境に思うがままに多様な仕方でかかわるということは，幼児が周囲の環境に様々な意味を発見し，様々なかかわり方を発見するということである。例えば，木の葉を木の葉として見るだけではなく，器として，お金として，切符として見たりする。また，砂が水を含むと固形状になり，さらには，液状になることを発見し，その状態の変化とともに，異なったかかわり方を発見する。これらの意味やかかわり方の発見を幼児は，思考を巡らし，想像力を発揮して行うだけでなく，自分の体を使って，また，友達と共有したり，協力したりすることによって行っていく。そして，この発見の過程で，幼児は，達成

> 感，充実感，満足感，挫折感，葛藤などを味わい，精神的にも成長する。
> このように，自発的な活動としての遊びにおいて，幼児は心身全体を働かせ，様々な体験を通して心身の調和のとれた全体的な発達の基礎を築いていくのである。その意味で，自発的活動としての遊びは，幼児期特有の学習なのである。したがって，幼稚園における教育は，遊びを通しての指導を中心に行うことが重要である。

　指導しなければならない内容に基づいて保育者が計画した遊びは，達成しなければならないねらいを内に含んでいます。ですから，保育者は用意した遊びが自分の予想を超えて展開することを受け入れることが難しくなります。そうなると，子どもの遊びは「自発的活動としての遊び」にはなりにくいのではないでしょうか。「意味やかかわり方の発見」が，保育者があらかじめ予想し，予定していたねらいの達成だとすれば，子どもたちは発見したのではなく，遊びを通して教えられたに過ぎないと，私は思います。子どもの遊びが保育者の予想を超えて思わぬ方向に展開し，その展開に保育者も巻き込まれて夢中になるような遊びでなければ，「発見の過程で，幼児は，達成感，充実感，満足感，挫折感，葛藤などを味わい，精神的にも成長する」ことにはならないのではないかと思うのです。たとえ保育者がねらいをもって用意した遊びであっても，子どもたちが心からそれを楽しむことはあるでしょう。でも，その子どもたちが夢中になれた遊びを保育者が特定した"ねらい"から観察すると，当然のことながら，子どもがその"ねらい"をどこまで達成できたかを評価することになるでしょう。そのような姿勢ではたして，保育者は子どもと遊ぶことができるのでしょうか。子どもが感じる楽しいを，保育者が自分の気持ちにおいて楽しいと感じることができるのでしょうか。私はそのような保育者に，ある種のよそよそしさを感じてしまいます。よそよそしい保育者は子どもに見透かされてしまうのではないでしょうか。そうなると，子どもは遊びに夢中になることで出会う"生き生きと生きること"を体験しないまま大人になってしまわないかと心配になります。

このような思いから，エピソード記述に描かれた子どもの遊び，子どもが生命性にふれて新しい自分を生成する遊びを読み解くために，目には見えない感性的コミュニケーションによる感性的子ども理解"わかる"を，客観主義的，実証主義的，理性的子ども理解"しる"に対比させる必要を感じたのです。

ただ，一斉活動を重視したさせる保育や，子どもの身体的な能力の向上を効率よく目指すような保育に対して，あるべき幼児期の活動を示すという意味では，幼稚園教育要領とその解説は一定の役割を果たしていると思います。私自身も，子どもが園を巣立つ日に入園当初のことやこれまでのことが思い起こされ，大きくなったねと目を細めるとき，子どもたち一人ひとりの成長や発達をうれしく思うことも確かです。ですから，結果として子どもは学び，育つことは認めますが，学びや育ちを促すために遊びを手段にするのは，教育の過信ではないのでしょうか。

(3) 3つの鍵概念のつながり

エピソード「D，やったね！」に戻って，3つの鍵概念のつながりを見ましょう。

生活年齢と発達年齢の差に着目してエピソードを読むと，仲間との神経衰弱の場面は，ルールを十分に消化できないCくんには我慢を強いられる展開に読めます。一方，遊ぶCくんの遊びたい気持ちに着目すると，ルールはちょっと苦手だったので疲れたけれど，いっぱい楽しかったよというCくんの言葉が聞こえてきます。前者が理性的子ども理解"しる"であり，後者は感性的子ども理解"わかる"でした。ただし，ここまで何度も述べたように，どちらの読みが正しいのかを議論しているのではなく，保育の広がりにつながる保育の読みの可能性を求めているのです。また，このエピソードの場合，その両方の理解が保育者には求められると思います。

ところで，"わかる"という感性的コミュニケーションによる子ども理解に求められるものは，相手の気持ちを自分の気持ちにおいて感じることです。これは説明されてわかるものではなく，わかる人にはわかる，すとんとわかる，

腑に落ちた，といったようなわかり方です。あるいは，遊び終わった後からふり返れば，一緒が楽しかったねと思えるようなわかり方です。同じ遊びを遊ぶことで，同じ楽しいを楽しむことができ，その気分を共有する体験によってわかり合えたと思えるようなわかり方です。このような"わかる"が，不文の指導案の子どもイメージには重要です。

　一般的な個別指導案は，記録型よりも計画型のものが多く見られるようです。どちらも重要なことは言うまでもありませんが，私はていねいな記録が書かれれば，それがそのまま計画案，指導案になるくらい，記録が大切だと思っています。ただし，その記録が客観的，実証的であることに忠実なあまり，子どもや保育者の気持ちや思いが遠ざけられたり，記録者の感性的，感覚的理解が排除されたりしてしまっては，記録は死んだふりをします。不文の指導案は文章化されませんから，そこに描かれた子どもイメージは，理性的子ども理解と相補的な関係にある感性的子ども理解が中心を占めることが重要ではないでしょうか。そもそも保育の場に重要な〈すき—すき〉の関係は目には見えませんから，感じるより他に手立てがありません。このことひとつを取ってみても，感性的子ども理解の重要性がわかります。

　子どもとの感性的コミュニケーションによって子どもの気持ちや思いに共感して子どもを"わかった"保育者は，それを忘れずに胸の奥にしまっておきます。それが不文の指導案と感性的子ども理解との関係です。もちろんそこには相補的に理性的子ども理解が含まれることはここまでの議論に明らかなはずです。

　保育者が保育の場に臨むと，不文の指導案を開くときがやってきます。それが豊かな保育の展開になり，そこに保育の意味が生まれると，それが保育セッションです。保育セッションの体験がエピソード記述になり，展開の意味が読み解かれると，不文の指導案は更新されます。これを根気強く繰り返すことが，保育者の仕事ではないでしょうか。

あ と が き

　幼稚園，保育園，こども園を問わず，保育の場でエピソード記述に取り組む人たちが増えているようです。また，それに呼応するように保育者養成機関でも，エピソード記述を講義する研究者や指導者が散見されるようになりました。ところが，鯨岡峻氏の提示されている体裁にはなっていても，氏のご研究とは相容れない内容のものもあるように思われ，なかでも懸念されるのが，〈考察〉に先行研究を引用することを求めることです。
　エピソード「記録」と称している場合には，それとの違いを主張すれば済むかもしれませんが，エピソード「記述」と言いながら，保育の環境や方法の良し悪しをふり返らせたり，先行研究理解のためにエピソードが利用されたりする例を見聞きしますと，どうも私が鯨岡氏の関係発達保育論から学んだ中身とはそもそもの方向性が違っているように思われます。これからエピソード記述に取り組まれる方には，ぜひとも鯨岡氏のご著書をお読みいただきたいと思います。
　自園の保育者たちが書いたもの以外のエピソード記述を60編も読ませていただき，それを資料とするカンファレンスも経験させていただき，そのエッセンスをまとめた本書がミネルヴァ書房から出版されることにいま，深い喜びを噛みしめています。
　エピソードに登場した子どもたち，エピソードを描いた保育者のみなさん，資料を提供していただいた関係者のみなさん，そして勉強会を開催してくださった9か園の園長先生，主任先生に心より感謝申し上げます。とりわけ，わかばこども園園長西田泰明先生には第6ブロックの代表として勉強会を主宰して下さり，本書の出版もご提案いただきました。また，平和保育園主任保育士の鳥畠幸子先生には，10か月続いた執筆中にメールや電話を駆使して，エピソード記述を提供していただいた園のみなさんと連絡を取り，内容について調整し

ていただきました。それは私にとってとても励みになりました。本当にありがとうございました。

　最後になりましたが，前回に続いて本書もミネルヴァ書房編集部の西吉誠氏に編集をお願いすることができました。この場をお借りしてあらためてお礼申し上げます。

　　2016年7月

　　　　　　　　　　　　　　　　　　　　　　　　　　　　　　　室田一樹

《執筆協力》
全国保育協議会東海北陸ブロック
金沢市保育部会第6ブロック所属園一覧（設立認可順）
・社会福祉法人　平和保育園　　　　　　金沢市平和町2-6-6
・社会福祉法人　めぐみ保育園　　　　　金沢市平和町2-4-5
・社会福祉法人　永井善隣館保育所　　　金沢市菊川2-8-13
・社会福祉法人　子供の家保育園　　　　金沢市若草町5-32
・社会福祉法人　のぞみ保育園　　　　　金沢市若草町22-1
・社会福祉法人　みどりが丘保育園　　　金沢市緑が丘19-8
・社会福祉法人　泉の台幼稚舎　　　　　金沢市泉野町4-4-3
・社会福祉法人　わかばこども園　　　　金沢市西大桑町7-5
・社会福祉法人　すみれ保育園　　　　　金沢市寺町4-1-2

《著者紹介》

室田一樹（むろた・いつき）

1955年8月18日，京都市生まれ。1980年3月，國學院大學大学院修士課程文学研究科神道学専攻単位修得退学。同年4月，岩屋保育園園長就任。2002年12月，岩屋神社宮司就任。元皇學館大学社会福祉学部准教授。

現　在　社会福祉法人岩屋福祉会岩屋こども園アカンパニ理事長／園長・岩屋神社宮司
主　著　『子どもの遊びをデザインする』（単著）筒井書房，2001年
　　　　『鎮守の森を保育の庭に（上下巻）』（共著）学習研究社，2001年
　　　　『保育者論』（共著）ミネルヴァ書房，2010年
　　　　『保育の場に子どもが自分を開くとき』（単著）ミネルヴァ書房，2013年
　　　　『保育のグランドデザインを描く』（共著）ミネルヴァ書房，2016年

保育の場で子どもを理解するということ
──エピソード記述から"しる"と"わかる"を考える──

2016年7月30日　初版第1刷発行　　〈検印省略〉

定価はカバーに表示しています

著　者　室　田　一　樹
発行者　杉　田　啓　三
印刷者　田　中　雅　博

発行所　株式会社　ミネルヴァ書房
607-8494　京都市山科区日ノ岡堤谷町1
電話代表　(075)581-5191
振替口座　01020-0-8076

©室田一樹，2016　　　　創栄図書印刷・藤沢製本

ISBN 978-4-623-07746-5
Printed in Japan

保育の場に子どもが自分を開くとき
──保育者が綴る14編のエピソード記述
室田一樹／著
A5判／242頁
本体　2400円

保育のためのエピソード記述入門
鯨岡　峻・鯨岡和子／著
A5判／256頁
本体　2200円

エピソード記述で保育を描く
鯨岡　峻・鯨岡和子／著
A5判／272頁
本体　2200円

子どもの心の育ちをエピソードで描く
──自己肯定感を育てる保育のために
鯨岡　峻／著
A5判／296頁
本体　2200円

保育の場で子どもの心をどのように育むのか
──「接面」での心の動きをエピソードに綴る
鯨岡　峻／著
A5判／312頁
本体　2200円

子どもの発達の理解から保育へ
岩田純一／著
A5判／240頁
本体　2400円

共　感──育ち合う保育のなかで
佐伯　胖／編
四六判／232頁
本体　1800円

子どもを「人間としてみる」ということ
──子どもとともにある保育の原点
子どもと保育総合研究所／編
四六判／308頁
本体　2200円

保育のグランドデザインを描く
──これからの保育の創造にむけて
汐見稔幸・久保健太／編著
四六判／344頁
本体　2400円